図解で早わかり

改正対応！

株主総会のしくみと手続き

弁護士
森 公任
弁護士
森元みのり 監修

本書の特色

最高意思決定機関である株主総会の基本と実務を平易に解説！

株主総会資料の電子提供制度などを定めた令和元年の会社法改正に対応！

株主名簿、議決権行使書面、議事録、議案例など、総会事務に役立つ実務書式を掲載。

三修社

本書に関するお問い合わせについて

本書の記述の正誤に関するお問い合わせにつきましては、お手数ですが、小社あてに郵便・ファックス・メールでお願いします。大変恐縮ですが、お電話でのお問い合わせはお受けしておりません。内容によっては、お問い合わせをお受けしてから回答をご送付するまでに１週間から２週間程度を要する場合があります。

なお、本書でとりあげていない事項についてのご質問、個別の案件についてのご相談、監修者紹介の可否については回答をさせていただくことができません。あらかじめご了承ください。

はじめに

株主総会は株主によって構成され、会社の基本方針などを決定する最高の意思決定機関です。会社の規模や株主の数などに関係なく、すべての株式会社が設置をしなければなりません。株主総会では、事業報告や計算書類の報告、定款の変更や合併の承認など会社にとって重要な報告や決定が行われます。

株主総会は非常に重要な機関であるため、その手続きは法律で細かく定められています。違反した場合には、決議が取り消されてしまったり、役員が責任を追及されるなど、会社運営に重大な影響を与えるおそれがあります。そのため、法令を遵守して株主総会を運営することは、会社にとってとても大事なことだといえます。

株主総会をスムーズに実施するためには、株式事務に関する理解が不可欠です。株式事務には、株主名簿の管理や決算・配当に関する事項などの定期的に行うものから、増資や新株発行、企業再編に関する事務など株式に関するあらゆる事務まで広く含まれます。株式事務は会社に対して利害を持った多くの関係者に影響を与えるため、特に慎重に処理をしなければなりません。

本書では、株主総会の基本的なしくみについてはもちろんのこと、株主総会の事前準備や総会当日の採決・動議・議事進行など、株主総会を滞りなく進めるために知っておかなければならない重要事項を平易に解説しています。また、議決権行使書面や議事録、議案例など、総会事務に役立つ実務書式も多数掲載しています。

なお、株主総会資料の電子提供制度や株主提案権の濫用的な行使を制限するための措置の整備など令和元年に成立した改正会社法にも対応しています。

本書を広く、皆様のお役に立てていただければ幸いです。

監修者　弁護士　森公任　弁護士　森元みのり

CONTENTS

PART 3　株式名簿などの株式事務手続き

PART 4　招集手続き・事前準備・取締役の説明義務

PART 5　総会当日の採決・動議・議事進行

PART 6　総会後の手続きと法律問題

PART 7　議事録作成の仕方

PART 8　知っておきたいその他の関連知識

PART 9　株主総会事務に役立つ！ 実務書式集

PART 1

株主総会の全体像

株主総会とは

コーポレートガバナンスを推進して開かれた株主総会へ

■ 株主総会とは何か

株式会社の構成員である一人ひとりの株主が、その会社の基本的な方針や重要事項について自分の考えを持ち、それを会社に伝えたとしても、その意思決定は一個人のものと扱われるにすぎません。しかし、株主総会で意思決定がなされた場合には、その意思決定は会社が行ったものと認められることになります。

株主総会とは、その会社の基本的な方針や重要な事項を決定する非常に重要な機関です。ここで言う機関とは、株式会社の意思や行動を実現するために作られたものです。株式会社は、公開会社であるかどうか、そして、大会社（資本金を５億円以上計上しているか、または負債総額が200億円以上の会社のこと）であるかどうかにかかわらず、株主総会の設置が義務付けられています。

株主総会を行うには、綿密な準備が必要になります。一般的な流れとしては、株主総会での議案の作成から、株主の招集手続き、株主総会の開催、株主総会の決議と続きます。株主総会の決議が済めば、それで終わりというわけではありません。株主総会での議事内容を株主総会議事録として作成しなければなりませんし、場合によっては、登記申請を行うこともあります。また、株主総会で報告または承認された貸借対照表などは公告（一般に知らせること）しなければなりません。

■ 株主総会の目的とは

株主総会を開く目的は、会社の基本的な方針を、株主の総意

公開会社

すべての株式について譲渡制限がない（会社の承認なしに株式を譲渡できること）か、または一部の株式についてだけ譲渡制限がある株式会社を公開会社と言う。
公開会社には、以下のような特徴がある。
① 株主が入れ替わることを予定している
② 多くの株主がいる大規模会社であることが多い
③ 誰もが安心して株主になれるように、特に「経営の適正化」が図られなければならない

非公開会社

すべての株式の譲渡につき会社の承認を必要とする株式を発行している株式会社を非公開会社（全部株式譲渡制限会社）と言う。非公開会社には、以下のような特徴がある。
① 見ず知らずの者が経営に口を出すことがないようにできる
② 通常は株主が入れ替わることを予定していない
③ 株主が経営者を兼ねること（所有と経営の一致）が多いので、株主の会社経営に対する監視機能を重視する必要性が小さい

株主総会とは

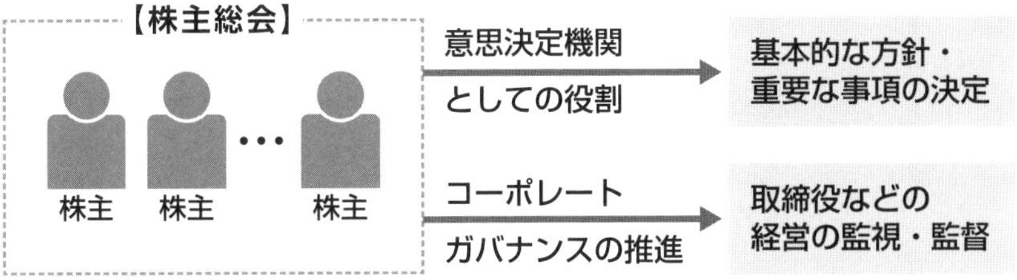

によって決定することにあります。株主総会は、個々の株主から構成されています。したがって、それぞれの株主が株主総会に参加して決議を行い、決定するようになっています。株主総会を運営する会社側の立場としては、会社の機関としての株主総会を法的に問題なく成立させるように注意を払わなければなりません。そして、総会に出席した株主が正しい判断を下せるように適切な情報を開示すること、総会がムダなく効率的に進むように段取りをよくすること、といった配慮が重要です。

■ 株主総会以外の会社の機関について

取締役や取締役会、会計参与、監査役、監査役会、会計監査人なども会社の機関です。このうち取締役は業務を執行する機関、取締役会は意思決定及び監督機関です。原則として、会社を代表し、業務を執行するのは取締役ですが、3人以上の取締役がいれば取締役会を設置することができます。取締役会を設置した場合には、取締役の中から、会社を代表する代表取締役を選定することになります。なお、取締役会を設置しない場合でも、任意で代表取締役を置くことができます。

会計参与は会社の計算書類の作成をサポートする役を担っています。監査役や監査役会（すべての監査役で組織されたもの）は、取締役が執行する職務について監査する権限を持つ機関であり、会計監査人は、会社が作成する計算書類などを監査する機関です。

■ コーポレートガバナンスの観点からも大切

株式会社では、所有と経営を制度上分離し、株主以外の者が経営を担うことが可能です。そこで、会社は、株主総会だけでなく、取締役も必ず置かなければなりません。他方、監査役や会計参与、会計監査人については、必ず置かなければならないわけではなく、設置については原則として任意です。

企業の組織のあり方、あるいは企業統治といった言葉がよく使われますが、これがいわゆるコーポレートガバナンスです。コーポレートガバナンスが大きくとりあげられるようになった契機は、20年以上前に、次々と会社の不祥事が明るみに出たことにあります。会社の不祥事が多発したことによって、会社の経営者を監視できているのか、そもそも監視するしくみは整備されているのか、また、監視するしくみがあったとしてもそのしくみが機能していないのではないか、といった点が疑問視されるようになりました。

こうした疑問の声を受け、コーポレートガバナンスが重要視されるようになった結果、監査役制度や株主権が強化されました。

監査役制度が強化されたということは、取締役の職務執行を監査する権限が増したということです。取締役の職務執行を監査する権限が増せば、それだけ会社の組織のあり方は正されることになります。

■ コーポレートガバナンスの推進で株主総会を活発に

株主権とは、株主が持つ権利のことです。株主権には一株だけでも持っていれば行使できる権利（単独株主権）もあれば、ある一定数以上の株式を所有していなければ行使できない権利

計算書類

会社法では、貸借対照表、損益計算書、株主資本等変動計算書、個別注記表のことを言う。

コーポレートガバナンス

企業を経営する取締役会などの機関の構成、企業の経営者の監視・監督方法など、企業の運営を誰がどのようにチェックするのかという企業統治の理念のことをコーポレートガバナンスと言う。

株主権

株主が持つ権利のこと。剰余金配当請求権、残余財産分配請求権、総会での議決権などがある。

株主総会の流れ

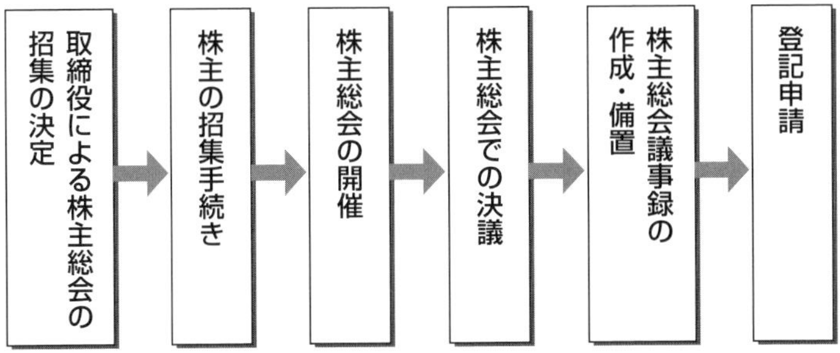

(少数株主権) もあります。また、株式の種類によっては、行使できる権利の内容があらかじめ定められていて、それ以外の権利を行使できないものもあります。

ただ、株主がいずれの権利を有するにしても、株主権が強化されれば、会社の経営について監視・監督する株主の権限も強まります。コーポレートガバナンスの推進のために株主権を強化した結果、株主は株主総会を通じて、取締役の職務執行が適正かどうか、また効率的に行われているかどうかについて、より強力に監視・監督することができるようになったといえます。

このように、株主が株主総会を通じてより積極的に会社の意思を決定するプロセスに参加できるようになったということは、株主総会が開かれたものになってきた、ということです。つまり、会社の所有者である株主が、ただ資本だけを提供するのではなく、会社の基本的な方針や重要事項を決定するために積極的に参加できることを意味します。それはとりもなおさず、会社の経営状況に真剣に向き合う株主が増えるということを意味しています。このように、経済面だけでなく経営面からも会社を支援してくれる株主が増えることは、会社にとっても喜ばしいことといえるでしょう。

PART1
2

株主総会の全体像

株主総会の役割

会社の基本事項を決定するために開かれるのが株主総会である

■ 株主総会の役割とは

株主総会はその会社における最高の意思決定機関です。これは、その会社を実際に経営している経営者が適切な経営を行っているかどうかを株主総会が監視するという意味合いも持ちます。こうしたことから、株主総会は、会社の基本的な方針や重要事項について意思決定を行うとされているのです。

株主総会への参加

参加と言っても、株主総会が開催されている現場に直接出向く方法だけでなく、代理人による議決権の行使や書面による議決権の行使なども認められている。

一方、会社が活動を続ける限り、そうした重要事項以外にも決定しなければならない事項はたくさんあります。株主総会で決めることとされている事項以外のことを決定する権限は取締役に委ねられています。この株主総会の役割については、その会社が取締役会を設置している会社（取締役会設置会社）であるか、取締役会を設置していない会社（取締役会非設置会社）であるかによって異なります。取締役会設置会社の場合には、所有と経営の分離の原則が働き、会社の経営については取締役会が意思決定を行い、会社法や定款で定められた事項についてのみ株主総会が意思決定を行います。

所有と経営の分離

もともと株式会社という形態は、会社が資金を集める際に、たくさんの資金を集めやすくするために考えられた。そのために少額の資金の出資でもすむように株式を細分化している。その結果、たくさんの株主が存在する会社が増えた。しかし、その大部分の株主には会社を経営する能力は備わっていない、といえる。こうした状況を踏まえて、経営については経営のプロに任せて、株主は株式会社の所有者として基本的な事項について決定すればよい、という考え、つまり所有と経営の分離の原則がとられるようになった。

他方、取締役会非設置会社の場合には、株主総会の役割は非常に大きなものとなります。会社法や定款で定められた事項に限らず、会社経営に関する一切の事項について、文字通り会社の最高の意思決定機関として、決議をすることができます。

■ 株主総会の権限は強大である

前述したように、取締役会設置会社の場合には、取締役会が経営のプロとして会社の経営に関する意思決定を行う機関だと

取締役会非設置会社の特徴

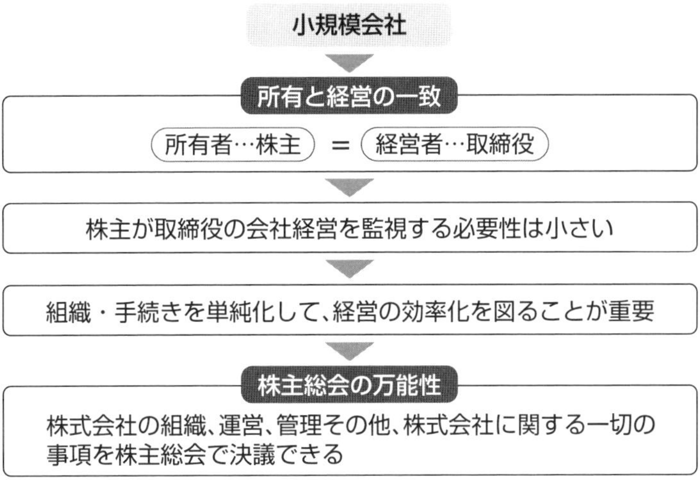

いえます。会社法の定めによると、取締役会設置会社の株主総会の権限はかなり限定的なものとなっています。具体的には、会社法とその会社の定款の中に「株主総会で定めるべきである」と定められている事項についてだけ、株主総会は決議をすることができます。

他方、取締役会非設置会社の場合、比較的規模の小さい会社が多いため、株主が取締役を兼ねて所有と経営が一致している場合も多く、株主は所有者として積極的に経営にも参加していこう、という姿勢がとられています。こうした理由から、取締役会非設置会社の株主総会は、会社法や定款に定められた事項だけでなく、会社に関する一切の事項について決議をすることができます。

なお、会社が公開会社である場合には、取締役会を設置しなければなりません。また、公開会社ではない会社であっても、定款で取締役会を設置することはできます。

法律上問題のない状況で開催すること

株主総会に不備があったとなると、会社の意思決定の効力が否定されてしまう場合が出てくる。そうなると、その株主総会の決定に基づいて行動した関係者に大きな損害を与えてしまう。こうしたことを防ぐためには、招集手続きから始まって、総会に提出される計算書類の内容、総会の運営、とりあげる議案の内容、決議方法や役員の説明など、株主総会のスケジュール上のどの場面においても、法令を守ることが重要である。

PART1
3

株主総会の傾向

株主総会の全体像

適正に情報を開示する開かれた株主総会が求められている

■ 従来の株主総会の問題点とは

株主総会と言うと、緊迫した雰囲気の中で出席した株主からの発言もなく、淡々と議事が進行し、時間が来ると閉会する、というイメージがあるかもしれません。また、株主の席に総会屋が陣取って怒号が飛び交うイメージがあるかもしれません。いずれも以前の株主総会ではよく見られた光景です。

株主総会の場で何の発言もなく、ただ取締役会の意向のままに議事が進むような会社は、たいていは長期にわたって株式を保有する安定株主に支えられており、個人の株主の割合は少なかったようです。安定株主は、売却益を期待して株式を購入する株主（浮動株主）とは異なって、その会社の業績や株価に影響されずに長い期間株式を保有します。たとえば、その会社の親会社や自社の従業員の持株会、創業者一族、メインバンクなどが安定株主といえます。

株主総会の構成員の大部分がこうした安定株主で占められている会社の場合、会社側にも株主に業績を説明して信任を得よう、という考えがあまりありませんでした。法律で株主総会を開催しなければならないから開催しているにすぎない、という状況だったのです。こうした状況では、仮に総会で何か発言しようと思っていた株主がいたとしても、発言しにくい場の雰囲気に流されて発言できないことが多く、結果的に株主総会は形骸化していきました。実際、株主総会を開く会社側は、他の会社の株主総会が集中する日に自社の株主総会をぶつけて、株主が総会に参加しにくい状況を作り上げたり、議場に自社の株式

総会屋

株主として株主総会に出席し、株主総会の妨害などを行い、会社に金品などを要求する者。

総会屋の排除とオープンな株主総会への期待

総会屋の活動は、原則として株式会社の株式をほんの少し保有し、その株式を持っていることを根拠として株主としての権利を濫用することを基本としている。総会屋排除のために法律が改正された結果、株主そっちのけで総会屋対策に追われる会社の状況が改善された。現在では総会屋が横行することもほとんどない。株主総会の構成員も以前とは異なって、さまざまな株主が参加している。
こうした状況から、会社は適切な情報を開示し、それぞれの株主が会社の経営がどうなっているのかを把握できるようにすることが求められるようになった。株主総会の運営についても同様で、株主が参加しやすいようにすること、参加した株主が会社の状況を理解しやすいように工夫することが求められるようになってきた。

株主総会の変遷

従来

- 取締役会の意向のままに総会が進行
- 総会屋の横行
- 安定株主による支え
- 形式的な総会

→

現在

- IR 活動としての位置付け
- 総会屋の排除
- 外国人投資家や個人投資家の増加
- モノ言う株主
- 活発な総会

を有している従業員を株主として配置し、議事にひたすら賛同する雰囲気を作り出すといった方法で、株主総会が滞りなく終わるように工夫していました。

他方、総会屋が登場して、株主総会を荒らすようになってからは、会社側はその対策に追われることになりました。会社側が株主の権利行使に関して金銭などを渡すことを利益供与といいますが、総会屋の妨害を恐れた会社側が、総会屋に株主総会の妨害をしないことを約束させ、見返りとして金銭を渡すケースも出てきました。さらには、総会屋の方から「妨害しないから金銭を渡せ」と要求され、要求に屈した会社側が金銭を渡すケースもありました。このように、ひたすら議事が進行するような場合でも、総会屋が横行するような場合でも、会社側はいかにして株主総会を滞りなく終了させることができるか、という点に重点を置くようになり、株主総会はその意義を失ってしまっていました。

■ 株主総会の最近の動向は

以前は、友好関係にある企業同士で互いの株式を持ち合うことが頻繁に行われていました。

互いの株式を持ち合うこと
お互いの株式を持ち合うということは、双方が友好関係にあることの証でもある。この場合、株主総会の議事の進行がスムーズに進むため、会社としては楽に株主総会を運営することができたといえる。

しかし、規制緩和の流れを受けて外国人投資家や個人投資家が日本企業の株式を保有する機会が増えた一方で、企業間での株式の持ち合いは大幅に減少しました。株主総会を構成する株主に、機関投資家、外国人株主、個人株主などが増えているのです。機関投資家は、預かった資金を投資する立場にあるため、リスクには敏感に反応します。扱う資金の額が大きい機関投資家は、会社にとっては大口の株主といえますから、その意向には注意を払わざるを得ません。また、外国に住んでいる個人や法人は外国人株主と呼ばれています。外国人株主はもともと株主としての権利意識が高いため、たとえば株主の権利をめぐって定款を変更する場合には高い関心を寄せ、代理人などを通じて総会に積極的に参加してきます。日本国内の個人株主も、従来の物言わぬ株主とは異なって、議決権の行使という形で株主総会に積極的に参加する姿勢を見せているといえます。

このように、最近は、会社の所有者である株主が積極的に株主総会に参加すべきだという考えが広まっており、実際に株主権を有効に行使する株主が増えています。会社側でもリスクに敏感な株主の傾向を踏まえ、自社の情報をオープンにしています。

機関投資家
おもな機関投資家としては、銀行、生命保険会社、損害保険会社、証券会社、信託銀行、投資ファンド、年金基金などが挙げられる。

投資ファンド
複数の投資家から資金を集めて投資を行い収益を分配する主体やしくみのこと。

定款
会社の根本規則。

■ 企業のIR活動としての位置付けもある

最近の株主総会は株主にとって大きく開かれたものとなってきていますが、さらに一歩進めて、IR（インベスター・リレーションズ）活動の一環として、株主総会の場が利用されるようになってきています。IR活動の一環として各企業でとりあげられている方法としては、自社のホームページ上にIR活動という項目を作り、そのページで適時必要な情報を更新する、という方法があります。ホームページは広く一般の人が見ることができますから、有効なものといえます。

また、情報の更新をすばやく行うことができますから、タイムリーな情報を継続して提供するという点でも非常に向いてい

IR活動
株主をはじめとする投資家に対して、投資をする際に判断材料となるタイムリーな情報を会社が継続して提供する活動を言う。

IR活動

株主に対して、投資する際の判断材料となる情報を提供する活動

↓

- 一般にはホームページで情報を提供する
- タイムリーな情報を提供する
- 図や表を利用して情報を提供する

会社の魅力を伝え、市場の評価を高める

↓

- 業績がアップしていることや経営戦略を伝える

株主総会をIR活動の場として利用する

↓

- 株主総会であれば、対話により情報を伝えることができる

会社と株主との信頼関係が強化される

る方法といえるでしょう。もともと計算書類などについては法律上、開示することが求められていますが、IR活動を積極的に行う会社では、それ以外にも投資家が投資を行う際に必要とする情報を積極的に開示しています。

IR活動を積極的に行っている会社は、何も情報を開示しない会社と比べると、それだけ投資家の信頼を得やすいといえます。会社が開示する情報によって健全な企業活動を行っていること、業績が上向いていることなどが投資家に伝われば、それだけその会社の魅力は増し、市場の評価も高くなるといえます。こうした活動を通じて会社と投資家の間での意見交換が活発になれば、互いの信頼関係は深まります。

せっかく株主総会を開くのですから、これをIR活動の場として利用しないのはもったいないことです。こうしたことから、株主総会をIR活動の一環として利用し、投資家に対して具体的にわかりやすい情報を伝える場として利用している会社は多くなっています。

計算書類

会社法では、貸借対照表、損益計算書、株主資本等変動計算書、個別注記表のことを言う。

株主総会の種類

1年に一度は定時株主総会を、必要な場合には臨時株主総会を開く

■ 定時株主総会とは

各事業年度の終了後一定の時期に招集される株主総会を定時株主総会といいます。各事業年度というのは、各会社が設定している事業年度ごとに、という意味ですが、1年を超える期間を事業年度とすることはできません。したがって、2年を一事業年度とすることはできません。たいていの会社は4月1日から翌年3月31日までの1年を事業年度としていますが、たとえば4月1日から9月30日までの半年を一事業年度、そして続く10月1日から翌年3月31日までの半年を一事業年度というように、1年以内の期間を事業年度とすることもできます。

上記の例では、定時株主総会は半年に1度開かれることになります。一定の時期とは、具体的にはその事業年度が終了してから3か月以内です。定時株主総会では、当期事業年度の決算承認、剰余金の配当などが議題となります。

決算報告
会社の経営成績や財政状態などを報告すること。

事業報告
会社の事業状況を報告すること。

■ 臨時株主総会とは

会社は、いつでも臨時株主総会を開催することができます。臨時株主総会は、定時株主総会とは異なって、開催すべき日時が定められているわけではありません。たいていの会社では、次の定時株主総会の開催日までに株主総会の決議が必要な事項が発生した場合に、臨時株主総会を開催します。

たとえば、定時株主総会が毎年6月に開催される会社で、8月に剰余金の額を減らして資本金を増額することにした場合、翌年の6月に開催される定時株主総会まで待つわけにはいきま

株主総会の種類

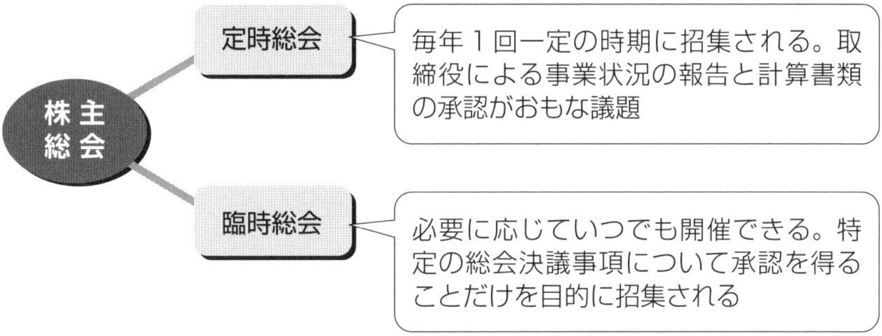

せん。こうした場合に、会社は臨時株主総会を開催し、減らす剰余金の額と資本金の額が増加する日（資本金の額の増加が効力を生じる日）について、株主総会の決議を得ることになります。その他にも、辞任などにより欠員が生じて新たに役員を選任する場合や、合併などについて株主総会の承認が必要になった場合などに臨時株主総会が開催されます。

剰余金
純資産のうち資本金や法定準備金以外の部分。

■ 両者はどう違うのか

定時株主総会は各事業年度の終了後一定の時期に招集されますが、臨時株主総会の場合には、必要に応じて招集されるため、特に定まった日時はありません。

なお、定時か臨時かに関係なく、株主総会の招集決定権者は、株主が裁判所の許可を得て招集する場合を除き、取締役会非設置会社の場合は取締役、取締役会設置会社の場合は取締役会です。また、招集決定を受けて実際に招集手続きを行うのは、取締役会非設置会社の場合は取締役、取締役会設置会社の場合は代表取締役または業務執行取締役となります。

PART1
5

株主総会の全体像

機関設計と株主総会の手続き

法令や定款を遵守し、開かれた株主総会となるように配慮する

■ どんな機関設計の会社かで変わってくる

株式会社は、その発行する株式の種類から公開会社と非公開会社に分かれます。また、その規模によって、大会社（資本金が５億円以上または負債総額が200億円以上ある会社）と大会社以外の会社に分類されます。株主総会の開催手続きは、その会社が公開会社であるかどうか、そして大会社であるかどうかによって異なります。さらに、その会社がどのような機関設計をしているかによっても異なってきます。会社に設置する機関としては、取締役、取締役会、株主総会、監査役、監査役会、会計参与、会計監査人、委員会、執行役があります。指名委員会等設置会社や監査等委員会設置会社の組織形態は、従来から日本にある会社の形態とは大きく異なっています。

会社の基本的な機関について見ていきましょう。

まず、会社経営のプロである取締役ですが、これは公開会社・大会社の区別なく、どの会社にも置かれるものです。しかし、取締役会については、設置する会社と設置しない会社が存在します。取締役会を設置する会社を取締役会設置会社と言い、設置しない会社を取締役会非設置会社といいます。株主総会の開催手続上、両者の間にはさまざまな違いがあります。株式会社の最高の意思決定機関である株主総会は、どのような会社であっても、必ず置かれる機関です。監査役は、取締役の職務を監査する機関です。取締役会設置会社の場合には、監査等委員会設置会社・指名委員会等設置会社を除き、監査役を置かなければならず、３人以上の監査役から構成される監査役会が設置

機関設計とは

その会社にどのような機関を設置するのか、ということ。

指名委員会等設置会社

指名委員会、報酬委員会、監査委員会を設置する株式会社のこと。各委員会の委員を取締役から選定し、指名委員会は取締役の選任議案等を決定し、報酬委員会は取締役の個別の報酬を決定し、監査委員会は取締役の職務執行の監査を行う。会社の業務執行は執行役が行う。

監査等委員会設置会社

監査等委員会を置く株式会社のこと。監査等委員となる取締役を選任し、取締役の職務執行の監査等を行う。

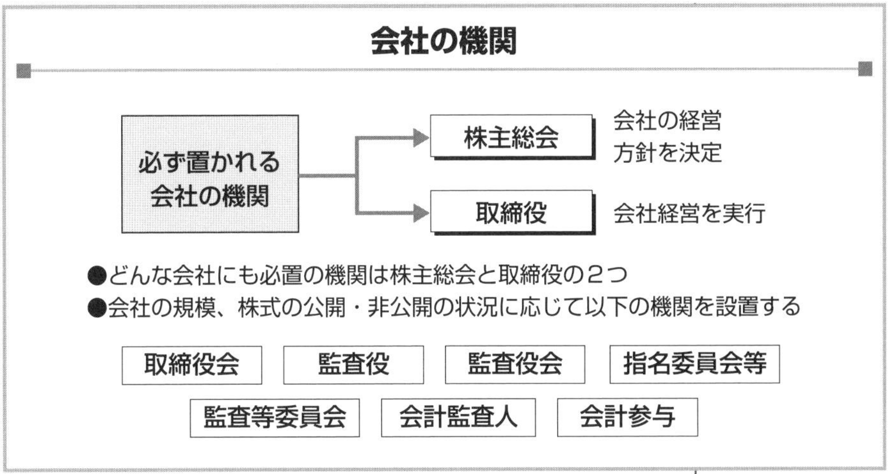

されることがあります。

会計参与は取締役と共同して計算書類を作成します。原則として、会計参与を置くかどうかは自由に決めることができます。ただし、非公開会社かつ取締役会設置会社で監査役を設置しない場合は、監査等委員会設置会社・指名委員会等設置会社を除き、会計参与を置かなければなりません。会計監査人は、計算書類や附属明細書を監査する職務を担っており、大会社や監査等委員会設置会社・指名委員会等設置会社は必ず設置しなければなりません。

■ 非公開会社で取締役会設置会社の場合

取締役会設置会社の場合、株主総会の招集を決めるのは取締役会です。株主総会の招集通知は、原則として書面で、株主総会の開催日の１週間前までには発送しなければなりません。招集通知には、計算書類や事業報告などを添付した上で、株主総会の目的事項を記載しなければなりません。なお、複数の議決権を持っている株主が議決権の不統一行使をする場合には、株主総会の開催日の３日前までに、議決権を不統一行使する旨を

議決権の不統一行使

複数の議決権を持っている株主が、たとえば１票を賛成に投じ、もう１票を反対に投じることを言う。複数の議決権を持っているとしても、他人のために議決権の不統一行使をするわけではない場合には、会社はそれを拒むこともできる。

その理由を添えて通知しなければなりません。

また、総株主の議決権の100分の１以上の議決権か300個以上の議決権を６か月前から有する株主には、議題提案権が認められています。

■ 非公開会社で取締役会非設置会社の場合

取締役会設置会社ではない場合、株主総会の招集を決めるのは取締役です。株主総会の招集通知は、原則として株主総会開催日の１週間前までには発送しなければなりませんが、定款で１週間以内に短縮することも可能です。招集通知の方法は、書面や電磁的方法だけでなく、口頭による通知や電話による通知も可能です。招集通知への記載事項や添付書類も取締役会設置会社とは異なって、特に必要とされる事項はありません。したがって、計算書類や事業報告などの添付も不要ですし、株主総会の目的事項も記載する必要はありません。

株主による議決権の不統一行使も、事前に通知する必要はありません。これは、他人のために株式を有する者でないときは、会社が不統一行使を拒否できるところ、事務処理の便宜上、株主が多数となりやすい取締役会設置会社に対してのみ事前通知を義務付けているからです。

また、株主は、議決権数にかかわらず、株主総会の議案を提案する権利（株主提案権）を行使することができます。このように、取締役会設置会社と取締役会非設置会社とでは、様々な観点から手続きに違いが設けられています。

■ 総会の運営方針を決める

株主総会を開催する際には、事前に運営方針を決めておくことはとても大切なことです。以前のように総会屋が妨害をすることがほとんどなくなったからと言って、株主総会への準備が不要となったわけではありません。むしろ、外国人株主や機関

議題提案権

議題提案権とは、その株主が議決権を行使することが認められている事項のうち一定の事項について、開催される株主総会の議題とするように請求する権利のこと。

議案提出権

議案提出権とは、議題に関して決議の対象となる具体的な議案を提出する権利。たとえば、取締役を選任することは議題となるが、特定の候補者を取締役に選任することは議案となる。

なお、2019年の会社法改正により、株主が同じ株主総会で提出できる議案の数は10個に制限された。

電磁的方法による招集通知

電磁的方法とは、たとえば電子メールなどの方法のこと。ただし、電磁的方法によって招集通知を出すには、それぞれの株主の承諾が必要な場合がある。

総会屋

株主として株主総会に出席し、株主総会の妨害などを行い、会社に金品などを要求する者。

非公開会社の特徴

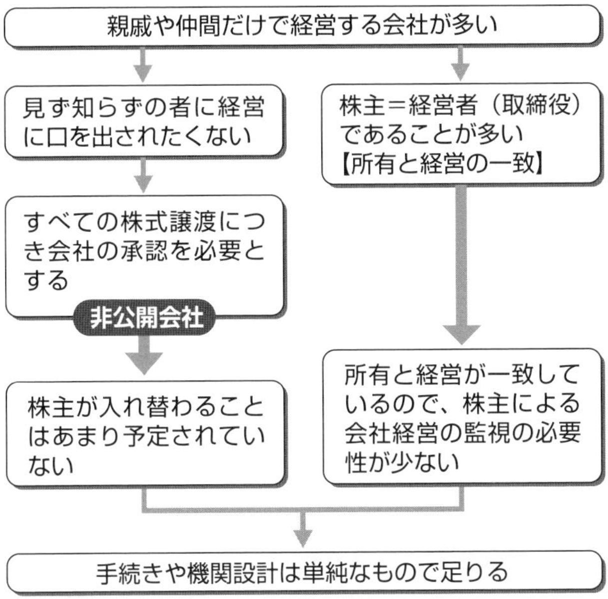

投資家が増えたことで、株主一人ひとりの権利意識は高まっています。株主総会を開く会社側は、こうしたことを踏まえて、株主総会の運営方針を決定する必要があります。時代の要請に従って、積極的に情報を開示する姿勢を見せることが、株主との信頼関係を深めるポイントとなるでしょう。

具体的には、株主が積極的に参加できる株主総会となるようにすることです。そのためには、開催日を他の会社とずらしたり、事前に配布する資料をわかりやすくまとめるといった工夫も必要です。また、株主総会を法律上問題のない状況で開催することも当然ながら留意すべきといえます。

機関投資家
生命保険会社や銀行など証券市場に参加している法人のこと。

PART1
6

株主総会の開催手続き

株主総会の全体像

法令上定められている期間内に行う

■ どのようなスケジュールで進行すればよいのか

株主総会を開催する準備は、開催日から遡って無理がないと考えられる日程で進行できるようにします。臨時株主総会の場合には、その決議が必要となる日から遡って、法的に必要な期間を守ってスケジュールを立てることになります。

他方、定時株主総会の場合には、事業年度末日を基準日として3か月以内には株主総会を開催しなければなりませんから、スケジュールを立てる際には、この期間内に法を守りながら必要な作業を行っていくことになります。

基準日
株主総会に出席できる株主を決定する日のことを言う。基準日はその日に株主名簿に名前が載っている人を株主として認めるという意味を持っている。株式会社は一般的に決算期末を基準日にしている。

■ どのような事務が必要になるのか

ここでは、特に時間的に守らなければならない事項の多い定時株主総会を例にとって考えてみましょう。

まず、事業年度末日を基準日として、計算書類など株主総会で必要とされる書類を作成します。株主総会は基準日から3か月以内に開催する必要がありますから、たとえば基準日が3月31日だった場合には、遅くとも6月30日までには株主総会を開催しなければなりません。仮に6月30日に株主総会を開催することを決めた場合には、原則として、その1週間前（公開会社の場合には2週間前）までには招集通知を発送しなければなりません。取締役会設置会社の場合、その招集通知には計算書類や事業報告書などを添付しなければなりません。

そのためには、招集通知を発送する時点で計算書類・事業報告書が取締役会によって承認されていなければなりません。ま

計算書類
会社法では、貸借対照表、損益計算書、株主資本等変動計算書、個別注記表のことを言う。

株主総会参考資料の電子提供制度
2019年の会社法改正により、定款で定めることにより、株主の個別の同意を得ることなく、計算書類などを含む株主総会参考資料を書面ではなくウェブサイトに掲載する方法により提供することが可能となった。

株主総会の日程モデル（非公開会社かつ取締役会設置会社の場合）

日　程	事務日程	法律の定め等
3月31日	事業年度末日 （基準日）	基準日より3か月以内に定時株主総会を開催する必要あり
6月13日	計算書類の備置き	総会日の2週間前までに（会社法 442 条1項）
6月20日	定時株主総会 招集通知の発送	総会日の1週間前までに（会社法 299 条1項）
6月27日	議決権行使書提出期限	総会日の前日まで
6月28日	定時株主総会	
6月29日	①（取締役会による代表取締役選定） ②総会議事録を備置	議事録の作成が義務付けられている（会社法 318 条1項）
7月12日	商業登記申請期限 （取締役就任）	取締役選任決議の次の日から2週間以内 （選任された取締役が即時承諾した場合）
9月28日	決議取消の訴えの提起期限	総会日より3か月以内 （会社法 831 条1項）

た、それ以前に、監査役が計算書類等を監査し、監査報告を取締役に提出することになります。監査役が監査報告について取締役にその内容を通知しなければならない期限は、原則として、計算祖類を受領した日から４週間が経過した日か計算書類の附属明細書を受領した日から１週間が経過した日のいずれか遅い日までです。したがって、事業年度末日から作成し始める書類は、少なくともその日までにはでき上がっていなければならないことになります。

このように、株主総会の準備期間は、法令上定められている期間内にすべきことをこなしながら、最終的には事業年度末日から３か月以内に開催される株主総会の当日を迎えるまで、さまざまな機関が関わって協力しながら準備することになります。

附属明細書
計算書類と事業報告の記載内容を補足するもので、重要な事項の明細を記載した書類。

PART1
7

種類株主総会

株主間は平等が原則だが、内容の異なる種類株式も発行できる

■ 種類株式の発行

会社は内容が異なる株式を発行することができます。株主は、その株式の種類や数に応じて平等に取り扱う必要がありますが（株主平等原則）、異なる種類の株式を発行することは可能です。

内容の異なる種類の株式を発行する場合には、あらかじめ定款で、内容が異なる種類の株式を発行することを定めておかなければなりません。この内容が異なる種類の株式を種類株式と言い、２つ以上の内容の異なる種類株式を発行する株式会社のことを種類株式発行会社といいます。種類株式において異なる定めをすることができる内容には、以下のものがあります。

① 剰余金の配当や残余財産の分配（優先株、劣後株）

② 議決権（議決権制限種類株式）

③ 譲渡による株式取得について会社の承認が必要となること（譲渡制限種類株式）

④ 一定の事由により株主が会社に株式取得を請求できること（取得請求権付種類株式）

⑤ 一定の事由により会社が株主から株式を取得できること（取得条項付種類株式）

⑥ 株主総会決議により会社がその種類の株式全部を取得できること（全部取得条項付種類株式）

⑦ 一定の株主総会決議事項についてその種類の種類株主総会の決議を必要とすること（拒否権付種類株式）

⑧ その種類の種類株主総会で役員を選任すること（役員選任権付種類株式）

譲渡制限株式を発行する理由

株式が自由に譲渡できるということは、まったく知らない者が株主となるということを意味する。しかし、株式会社といっても、身内だけの企業などの小規模会社では、好ましくない者の経営参加を阻止する必要がある。そこで定款で定めることにより譲渡制限株式を発行することが認められている。

種類株式

権利の内容が異なる２種類以上の株式を発行している会社において、発行しているそれぞれの株式のこと。

定款

会社の根本規則のこと。本店所在地、商号、目的などの絶対的記載事項の他、会社の基本的な組織形態、運営方法が定款で定められる。

おもな種類株主総会の決議事項

決議事項

- 拒否権付種類株式や役員選任権付種類株式で、種類株主総会の決議が必要とされている事項
- 種類株式に譲渡制限を付けるとき
- 種類株式に全部取得条項を付けるとき
- 株式の内容を変更する定款変更や、合併などの一定の行為のうち、種類株主に損害を及ぼすおそれがあるもの

■ 種類株主総会

種類株式発行会社において、特定の種類株主のみで構成される株主総会を種類株主総会といいます。特定の種類の種類株主に損害を与えるおそれのある定款の変更などを行う場合には、その種類の株式の種類株主を構成員とする種類株主総会を開催した上で、特別決議を経なければ、その変更の効力は生じません。特別決議とは、その種類株主総会で議決権を行使できる株主の議決権の過半数を保有している株主が出席し、出席したその株主の議決権の3分の2以上の多数をもってなされる決議をいいます。

なお、会社法の定めで種類株主総会の決議が必要とされるものを法定種類株主総会といいます。他方、会社法ではなく定款の定めで種類株主総会の決議が必要とされるものを任意種類株主総会といいます。いずれの種類株主総会の場合でも、その種類株主総会で議決権を行使できる種類株主がいない場合には、決議は不要です。

種類株式の発行が認められた理由

種類株式の発行が認められたのは、会社が資金調達をしやすくするためである。つまり、それぞれの投資家の目的にあった内容の株式を発行できるように投資する者を増やし、結果的に会社が資金調達をしやすくなるように配慮した。各株式が持つ内容については、法律で定められている。たとえば剰余金の配当について、他の種類の株式に優先した配当を受けることができる優先株と他の種類の株式に劣後して配当を受けることになる劣後株を発行したり、議決権の行使に関する事項について異なる内容を持つ種類株式を発行するといったことができる。

令和元年改正の概要

会社をめぐる社会経済情勢の変化に合わせた改正が行われた

■ どうして会社法が改正されたのか

これまでにも、会社法はコーポレート・ガバナンス（企業統治）の強化などを目的とする改正が行われてきました。そこでは、企業の不祥事の増加などを背景に、主に企業経営の監視・監督機能の強化が課題になってきました。

令和元年の会社法改正においては、社会経済情勢の変化を踏まえ、引き続きコーポレート・ガバナンスの強化を目的とする改正が行われました。その他にも、企業の生産性向上のための合理化などを目的として種々の改正が行われました。

令和元年の改正事項は、大きく分けて、次ページ図のようになっています。以下、ポイントになる改正について、見ていきましょう。

・株主総会資料の電子提供制度の新設

従来は、株主総会資料をウェブサイトでの公開や電子メールの送信等により提供するためには、株主の個別の同意が必要でしたが、定款で定めることにより、個別の同意を得ることなく行うことが可能になりました。

・株主提案権の濫用的な行使を制限するための措置の整備

株主提案権の濫用的な行使を制限するために、株主が提案可能な議案の数が、原則として10に制限されます。

・補償契約・保険契約に関する規定の新設

取締役などの役員等が、十分に力を発揮して職務にあたることを保障するために、役員等が損害賠償請求などの対象となるリスクに備えるための補償契約や役員等賠償責任保険契約に関

株主提案権に関する改正

株主総会の円滑化のために、改正法案においては、企業側の判断で株主総会の株主提案を制限できる項目が盛り込まれていた。しかし、会社側の恣意的な判断により、株主提案権が不当に制限されるおそれがあることから、令和元年の法改正では、この項目に関する改正は見送られた。

主な改正の概要と施行スケジュール

<table>
<tr><th>改正事項</th><th>施行日</th></tr>
<tr><td>①株主総会資料の電子提供制度の新設</td><td>公布の日から３年６か月を超えない範囲で施行</td></tr>
<tr><td>②株主提案権の濫用的な行使を制限するための措置の整備</td><td rowspan="9">公布の日から１年６か月を超えない範囲内で施行</td></tr>
<tr><td>③取締役の報酬等に関する規定の見直し</td></tr>
<tr><td>④補償契約に関する規定の新設</td></tr>
<tr><td>⑤役員等賠償責任保険契約に関する規定の新設</td></tr>
<tr><td>⑥業務執行を社外取締役に委託する場合の規定の整備</td></tr>
<tr><td>⑦社外取締役の設置の義務化に関する規定の整備</td></tr>
<tr><td>⑧社債の管理に関する規定の見直し</td></tr>
<tr><td>⑨株式交付制度の新設</td></tr>
<tr><td>⑩責任追及等の訴え（株主代表訴訟）における和解に関する規定の整備</td></tr>
<tr><td>⑪議決権行使書面の閲覧に関する規定の見直し</td><td rowspan="2">原則、公布の日から１年６か月を超えない範囲内で施行
一部、公布の日から３年６か月を超えない範囲で施行</td></tr>
<tr><td>⑫会社の登記に関する規定の見直し</td></tr>
<tr><td>⑬取締役の欠格事由に関する規定の見直し</td><td>公布の日から１年６か月を超えない範囲内で施行</td></tr>
</table>

する規定が整備されました。

・業務執行を社外取締役に委託する場合に関する規定の整備

取締役と株式会社との利益が相反する状況にある場合に、社外取締役に業務執行を委託することが可能になりました。また、監査役会設置会社の一部について、社外取締役の選任が義務付けられました。

・株式交付制度の新設

他の株式会社を子会社化する際に、子会社化する会社の株式を譲り受け、対価として、自社の株式を交付するための手続きが整備されました。

議決権行使書面の閲覧謄写請求拒絶要件の明文化

令和元年会社法改正により、株主による議決権行使書面の閲覧謄写請求の拒絶要件が明文化された。具体的には、株主による議決権行使書面の閲覧謄写請求が、自らの権利の行使などに関する調査以外の目的や、株式会社の業務の遂行を妨害する目的でなされた場合などには、株式会社はその請求を拒否できると明文化された。

Column

「株式公開」「上場」と会社法の「公開会社」の違い

株式公開とは、自社の株式を証券取引所に上場させることをいいます。英語の「Initial Public Offering」から、株式公開のことをIPOと呼ぶこともあります。企業を大きくしていくためには、多くの資金を集めることが不可欠です。また、企業が上場しているという事実は、それだけで一つのステータスとなります。もちろん、株式公開はどの企業でもできるというわけではありません。業績を伸ばして証券取引所の基準を満たしている企業のみが上場することができます。

なお、かつては株式公開の方法として、証券会社の店頭での株取引を目的とする店頭公開と、証券取引所での売買を目的とした上場があったため、「公開」と「上場」の意味合いに若干違いがありました。

ただ、店頭市場が「ジャスダック証券取引所」での取引となったため、現在では、株式の「公開」＝「上場」と考えて問題ありません。

上場とは、株式を株式市場で誰もが自由に売買できるようにすることです。会社が事業を進めていくためには資金が必要です。その資金はどこかから調達しなければならないわけですが、調達方法には「借入」「自分で稼いだお金を出す」「投資を募る」の３種類しかありません。このうち、投資を募る場合の代表例が上場です。株式を上場する際、すでにある株式を市場に出す場合を「売り出し」、新たに発行した株式を売り出す場合を「公募増資」といいます。

なお、会社法における公開会社の「公開」とは、株式の譲渡制限をしていないという意味であり、一株でも自由に譲渡できる株式を発行していれば、公開会社となります。つまり、上場会社の株式は自由に譲渡できるので、上場会社は会社法上も当然に公開会社ですが、上場していない会社でも、会社の承認を経ずに市場外で譲渡できる株式を一株でも発行しているのであれば、会社法では公開会社です。このように、会社法の「公開」とは、必ずしも上場を意味するものではありません。この点には注意が必要です。

PART 2

議決権行使のルールと書面

株主の権利と義務

株主は会社に対して様々な権利をもっている

■ 株主の権利

株主は、株式会社の社員として会社に対して様々な権利（株主権）をもちます。株主権は、法律で規定されることが多いのですが、定款の規定により認められるものもあります。株主権は、一般に、①自益権と共益権、②単独株主権と少数株主権というように分類されています。

①　自益権と共益権

自益権とは、株主が会社から経済的利益を受けることを目的とする権利です。共益権とは、株主が会社の経営に参加することを目的とする権利です。

②　単独株主権と少数株主権

単独株主権とは、１株しかもたない株主でも行使できる権利です。少数株主権とは、総株主の議決権の一定割合以上または一定数以上の株式をもつ株主だけが行使できる権利です。

■ 少数株主権・単独株主権の行使要件の基準

たとえば、株主総会の招集請求権は、総株主の議決権の100分の３以上の議決権を６か月前から引き続きもっている株主が行使できます。非公開会社の場合は６か月の保有期間は不要です。また、株主総会の議案の要領を株主に通知することを請求できる権利は、取締役会設置会社では、総株主の議決権の100分の１以上の議決権または300個以上の議決権を６か月前から引き続きもっている株主が行使できます。非公開会社の場合は、６か月の保有期間は不要です。

自益権と共益権

多くの株主の関心は経済的利益を得ることにあるから、自益権は重要といえるが、会社経営が健全に行われるためには、共益権も重要といえる。

自益権の例

剰余金配当請求権や残余財産分配請求権、株式買取請求権などがある。

共益権の例

株主総会の議決権が代表的だが、取締役などの違法行為に対する差止請求権などの監督是正権（会社経営者を監督し誤りをただす権利）もある。

少数株主権の例

総会の招集を請求する権利である株主総会招集請求権の他、会社の会計帳簿や書類の閲覧・謄写を請求する権利である帳簿閲覧請求権、取締役等の解任請求権などがある。

株主の権利

- **権利の性質による分類**
  - **自益権** … 経済的利益を受ける
    - 利益配当請求権
    - 残余財産分配請求権　など
  - **共益権** … 経営に参加する
    - 株主総会における議決権
    - 株主総会決議取消しの訴え
    - 違法行為の差止請求権　など
- **権利を行使する株式数による分類**
  - **単独株主権**
    - 設立無効の訴え
    - 株主代表訴訟
    - 違法行為の差止請求権　など
  - **少数株主権**
    - 株主提案権
    - 帳簿閲覧請求権
    - 総会招集請求権　など

単独株主権の行使要件についても、株式の保有期間が定められている場合もあります。たとえば、取締役の違法行為の差止請求権は６か月前から引き続き株式をもっている株主が行使できます。なお、非公開会社では、この６か月という保有期間は不要で、単に株主であれば足ります。

■ 株主の義務

株主には様々な権利が認められていることとは対照的に、株主に課せられている義務は株式の購入代金についての支払義務だけです。株式会社における株主の責任は、購入した株式の引受価額を限度とする間接有限責任であるため、株主が会社の債務の支払義務や追加の出資義務を負うということはありません。

株主の監督是正権

会社の経営を監督し、誤りをただす権利。多数決による決定や取締役らの経営判断が常に正しいとは限らない。そこで、主に少数派の株主を保護するために監督是正権が認められている。監督是正権には、単独株主権と少数株主権がある。

PART2
2

議決権行使の
ルールと書面

議決権行使についてのルール①

出席しない株主も議決権を行使できるようにするとよい

■ 議決権とは何か

株主が、株主としての意思を株主総会で示すことができる権利を議決権といいます。議決権は、１株につき１つの議決権を有するのが原則です。たとえば株主総会に100名出席した場合に、各株主が１株ずつ保有していれば議決権の総数は100となります。また、そのうち20名が５株ずつ持っていた場合には、議決権の総数は180となります。

単元株制度
一定数の株式をもって株主が１個の議決権を行使することができる制度。

自己株式
会社が保有する自社の株式。

自己株式と議決権
自己株式に議決権が認められるとすると、極端な話、会社が株式を買い占めることで株主総会決議を支配することが可能になってしまう。そのため、自己株式には議決権が認められていない。

ただ、単元株制度の下では、１単元に満たない株式（単元未満株式）を持つ株主には議決権が与えられません。また、定款で一定の事項を除いて議決権がないとされている株式（議決権制限株式）についても、議決権がないとされている事項についての議決権は認められません。他にも、自己株式については、議決権が与えられていません。また、自社が議決権の４分の１以上を持っている会社が、自社の株式を有していたとしても、その株式には議決権が認められません（このような株式を相互保有株式といいます）。なお、会社は、基準日を定めてその基準日に株式を保有していた者（基準日株主）が議決権を行使することができると定めることができます。また、基準日株主を害さない限り、その基準日後に株式を取得した株主の議決権行使を認めることもできます。

■ どのように行使するのか

株主が議決権を行使する場は原則として株主総会です。株主総会の当日に都合がつかない場合、その株主は会社の基本的な

議決権が与えられない株式

株式		
	単元未満株式	１単元に満たない株式
	議決権制限株式	議決権のない株式
	自己株式	会社が保有している自社の株式
	相互保有株式	議決権の４分の１以上を保有するなど、自社が経営を実質的に支配可能な会社が保有している自社の株式

方針や重要事項の決定の場に参加したいにもかかわらず参加できず、不便に感じるかもしれません。また、株主が1000人を超えるような会社が株主総会を開催する場合、1000人を超える株主全員がその開催日に都合がつくことはほとんどないと考えるのが現実的でしょう。会社としては、株主の基本的な権利である議決権の行使を尊重し、こうした可能性に配慮して、株主が議決権を行使できるように柔軟な運用をする必要があるといえます。実際、会社法は、議決権を持っている株主が1000人以上いる株式会社に対して、原則として書面による議決権の行使（書面投票制度）を認めるように義務付けています。

また、株主が1000人未満の会社であっても、株主総会の当日に出席できない株主が書面や電磁的方法（ウェブサイトなど）によって議決権を行使することを認めることは可能です。

電磁的方法による議決権行使
具体的にはインターネットを利用して、ウェブサイトにアクセスして行う議決権行使を意味する。

■ 議決権行使の方法にもいろいろある

会社法は、株主が株主総会に出席しない場合においても株主が効果的に議決権を行使することができるよう、様々な制度を定めています。

・書面による行使

株主総会に出席すると議決権を行使する際に判断材料となる書類などが配布されます。しかし、株主総会に出席せずに議決権を行使する場合に、もし招集通知しか届かないとすると、意思決定をする材料が手元に何もないことになります。こうした点に配慮して、会社法は、書面や電磁的方法による議決権の行使を認める場合、招集通知を送るときには、株主が十分考えて投票できるように、判断の材料となる資料を添付しなければならない、と定めています。この資料を株主総会参考書類といいます。また、議決権を行使する際に使用する書面（議決権行使書面）も送付しなければなりません。

・電磁的方法による議決権の行使

電磁的方法による議決権の行使を認める場合には、株主が議決権を行使する際の判断材料として株主総会参考書類の交付に代えて、株主総会参考書類に記載しなければならない事項を電磁的方法（メールなど）で知らせることもできます。ただし、株主が株主総会参考書類を送付するように請求した場合には、これに応じなければなりません。

・代理人による行使

株主総会に株主が出席せずに議決権を行使する方法としては、この他に、株主が自分の代わりに議決権を行使する代理人を立ててその代理人が議決権を行使する方法があります。

・委任状勧誘

委任状勧誘とは、株主総会において一定の議案を可決または否決させることを目的として、他の株主に対して、議決権の行使を特定の代理人に委任する書面（委任状）を交付するよう勧誘する行為のことです。上場株式について委任状勧誘を行う場合は、金融商品取引法により、委任状用紙や、代理権の授与について参考となる事項を記載した書類（参考書類）の交付が義務付けられたり、委任状用紙や参考書類の写しを金融庁長官に

株主総会参考書類

50ページ参照。

委任状勧誘についての規制

株主に情報を与えずに委任状の勧誘が行われると、勧誘者の利益のためだけに議決権が行使される可能性がある。そのため、上場会社については金融商品取引法上、参考書類の交付など、情報の開示が義務付けられている。

議決権の行使方法

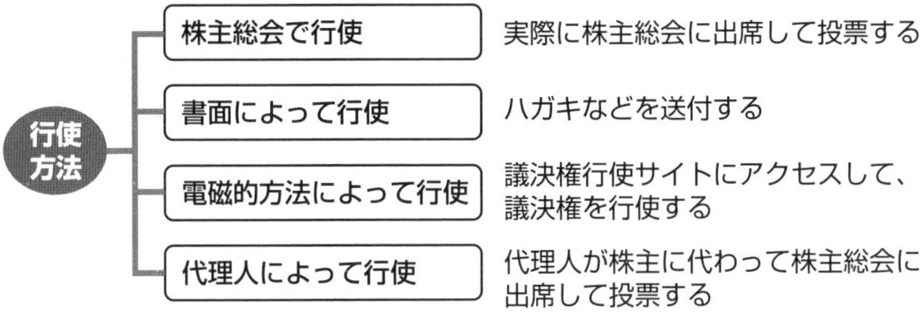

提出することが義務付けられています。

■ 書面投票制度が義務付けられる場合

株主が書面によって議決権を行使する方法を書面投票といいます。議決権を有する株主が1000人以上いる会社は、書面投票制度を導入しなければなりません。また、書面投票制度の導入を義務付けられていない会社であっても、書面投票制度を導入することができます。導入するには、取締役会設置会社の場合には取締役会で決定しなければなりません。

他方、取締役会非設置会社の場合には、取締役の決定で導入できます。書面投票制度を導入した会社は、招集通知に、書面によっても議決権の行使ができることを記載しなければなりません。招集通知を電子メールなどの電磁的方法で行うことを承諾している株主に対しては、株主総会参考書類や議決権行使書面を送付する必要はなく、電磁的方法で知らせることもできます。ただし、株主が書面で送付するように請求した場合にはこれに応じなければなりません。

議決権行使書面

株主総会に出席しない株主は、書面で議決権を行使することができるとされている会社では書面投票ができる。書面投票に使用する投票用紙のことを議決権行使書面と言う。

議決権行使についてのルール②

書面投票と電子投票が重複して行使される場合もある

■ 書面投票による議決権の行使期間

書面投票によって議決権を行使できるようにしたとしても、行使できる期間を定めておかなければ、混乱が生じます。期間の定め方としては、株主総会開催日の直前の営業時間の終了時まで受け付ける方法か、ある一定の期間中に投票を受け付ける方法があります。いずれの方法をとった場合でも、株主総会の当日より前の期間でなければなりません。

議決権行使書面の備置

書面投票で使われた議決権行使書面は、株主総会の日から３か月間、本店に備え置かなければならない。

一定の期間中に投票を受け付ける場合には、その投票の終了日が招集通知を発送した日から２週間経過した日以後でなければなりません。議決権を行使できる期間を過ぎてしまった場合には、株主には株主総会に実際に足を運んでもらうより他ありません。会社は株主のための開かれた株主総会をめざして、株主が最大限権利を行使できるようにすべきです。そのためには、招集通知を出す時に、書面投票の場合には、議決権を行使できる期間が設けられていること、その期間を過ぎてしまうと書面による投票を行うことができなくなることを明記しておくようにしましょう。

■ 電子投票とは

会社は、株主総会の議決権の行使について、メールなどの電磁的方法によって行うことができる旨を定めることができます。電磁的方法によって議決権を行使する方法を電子投票といいます。電子投票の場合も、書面投票と同様に、株主総会前に株主が議決権を行使することになります。取締役会設置会社の場合

書面による議決権行使の方法

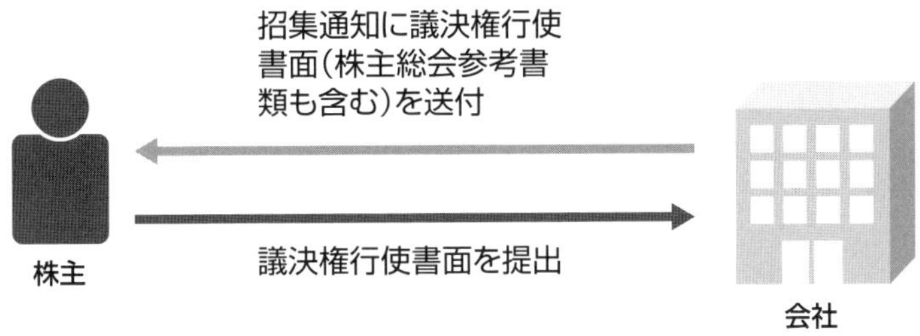

は、取締役会で決定した場合に電子投票制度を導入できます。他方、取締役会非設置会社の場合には、取締役の決定で導入を決めることができます。

電子投票制度の導入は、書面投票制度の導入とは異なって、1000人以上の株主がいる会社であっても必ず導入しなければならない、ということはありません。また、書面投票制度の導入をしている会社がさらに電子投票制度を導入してもよいことになっています。また、書面投票制度を導入していない会社が電子投票制度だけを導入することもできます。

書面投票の場合は、議決権行使書面の印刷や郵送が必要になる他、返送された議決権行使書面の開封や集計の作業も必要になります。他方、電子投票の場合は、印刷や郵送の必要がなくなる他、議決権行使の集計作業も自動的に行うことができるようになります。

このように、電子投票は、書面投票よりもコスト削減の効果があります。書面投票のように一定の場合に会社法で導入を義務付けられる制度ではありませんが、電子投票の導入のメリットは大きいといえます。

■ 電子投票による議決権行使の方法

電子投票に用いる電磁的方法としては、電子メールを利用する方法などが考えられますが、上場会社を例にとれば、その多くが、株主名簿管理業務を行っている大手信託銀行が運用する「議決権行使サイト」を利用しています。この場合、会社から招集通知や議決権行使書面と共に、株主ごとのログインID、仮パスワードが送られてくるので、電子投票を希望する株主は、議決権行使サイトにアクセスして、ログインID等で専用画面に入ってから議決権を行使することになります。

議決権の行使期間については、書面投票の場合と同様、株主総会開催日の直前の営業時間の終了時まで受け付ける方法か、ある一定の期間中に限って受け付ける方法があります。

■ 書面投票と電子投票が重複して行使された場合

会社が株主の議決権の行使方法について定める場合、書面投票と電子投票のどちらかしか採用できない、ということはありません。書面投票と電子投票のいずれの方法でも議決権を行使できる、と定めることもできます。その場合、株主はどちらかの方法を選んで議決権を行使するか、株主総会に出席するかを選ぶことができます。

中には行使期間中に何度も電子投票をする人や、書面投票をしたにもかかわらず電子投票も行ってしまう人も出てきます。特にインターネットを介して電子投票を行う際には、投票するためにボタンをクリックしたところ、反応がないように見えたために何度も押してしまった、といったことも考えられます。

また、電子投票をしたことを忘れて書面投票をしてしまうこともあり得ます。こうした状況に備えて、会社としては、具体的な状況を例示してその取扱いについてあらかじめ定めておく必要があります。そして、招集通知を出す際には、投票が重複した場合の取扱いについて定めた内容を記載しなければなりま

株主の閲覧・コピー

株主は、株式会社の営業時間内は、いつでも、提出された議決権行使書面の閲覧と謄写（コピー）を請求できるのが原則である。ところが、従前この権利を悪用する株主も散見された。そこで、令和元年会社法改正により、株主による議決権行使書面の閲覧謄写請求に対する拒絶要件が明文化された。具体的には、株主による議決権行使書面の閲覧謄写請求が、自らの権利の確保などに関する調査以外の目的や、株式会社の業務の遂行を妨害する目的でなされた場合などには、株式会社はその請求を拒否できると明文化された。

重複投票

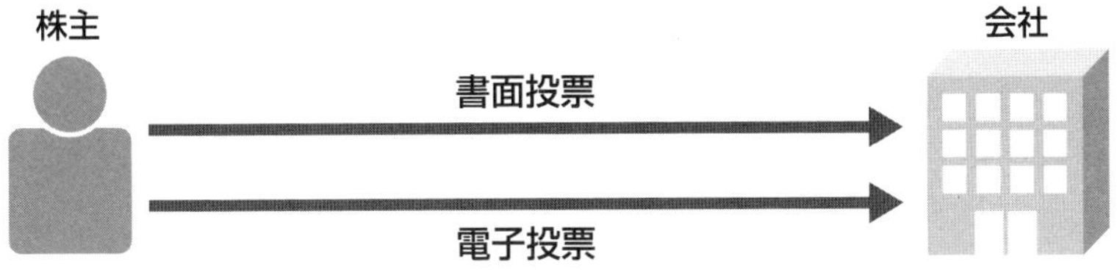

せん。議決権の重複行使が生じた場合には、具体的には、次のような方法をとることが考えられます。

① 書面投票と電子投票があった場合、いずれかの方法による投票を有効と扱い、他方の方法による投票を無効とする方法
② ①の場合に有効とする方法による投票が複数あった場合にはその最初（または最後）の投票を有効とし、他の投票を無効とする方法
③ 書面投票と電子投票があった場合、どちらの方法によるかにかかわらず最初（または最後）の投票を有効とし、他の投票を無効とする方法
④ 重複して投票がなされた場合にはすべての投票を無効とする方法

また、複数の議決権を保有している株主の中には、その名義人以外の人の株式を預かっている場合やその株式を共有している場合など、名義人以外にその意向を反映すべき人がいる場合も少なくありません。このような場合、議案についてその人々が同じ意思を持っているとは限りません。賛否が分かれる場合もあり得ます。こうした場合、一部の議決権について賛成票を投じ、残部の議決権に反対票を投じるような、不統一行使ができます。ただ、このように他人のために株式を保有する場合でないときには、会社は不統一行使を拒否することができます。

議決権行使書面

書面投票制度を導入している場合、招集通知と共に株主に送る

■ なぜ作成するのか

株主が総会に出席する場合には議場で賛否の意思を示すことができますが、事前に書面で投票する場合には、その意思を表示するものが必要となります。それが議決権行使書面です。議決権行使書面は、株主が事前に議決権を行使する場合に、その権利の行使を有効なものとするために作成されます。

このように、書面投票制度が認められている会社の場合には、招集通知と共に議決権行使書面を株主に送ります。また、株主が議決権を行使する際に判断材料となる株主総会参考書類も一緒に株主へと送付されます。

■ 記載事項にはどんなものがあるのか

議決権行使書面は株主総会に出席しない株主が議決権を行使するための書面です。したがって、その書面を見ればその株主がどの議案について賛成していて、どの議案に対しては反対しているのか、はっきりとわかるようにする必要があります。

まず、各候補者の選任、各役員等の解任など、各議案についての賛否を記載する欄を示します（棄権の欄を設ける場合にはその欄も作成します）。

また、書面による議決権の行使がいつまでできるのか、という期限についても明示する必要があります。その議決権行使書面を使って議決権を行使する株主の名前（法人の場合は法人の名称）、その株主が有している議決権の数も記載しなければなりません。

議決権行使書面のおもな記載内容

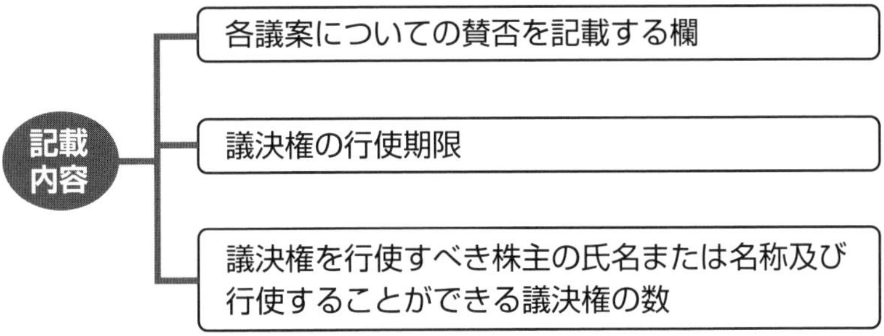

なお、その株主が議決権を行使できる議案とできない議案がある場合には、できる議案あるいはできない議案を記載しておかなければなりません。

■ 書面の書き方

書面は、株主の意思がどの議案に対して向けられたものなのか、またその株主が賛成しているのか反対しているのか、わかるようにしなければなりません。したがって、総会に上程する議案名を書き、議案ごとに賛否を記載できるようにします。具体的には、「賛」「否」などとあらかじめ記載しておき、株主はどちらかを○で囲むだけで議決権を行使できるような形式にするとよいでしょう。

上程
議案を会議にかけることを意味する。株主総会の場合には、議案を株主総会でとりあげること。

そして、議決権を行使すべき株主の氏名または名称及びその株主が行使することができる議決権の数を株式数として「○○株」といった形式で記載し、議決権が行使できる期限と共に明記します。

PART2
5

議決権行使のルールと書面

代理人に議決権を行使させる場合の委任状

会社は議決権を行使する代理人について資格を設けることができる

■ 委任状とは何か

株主総会で議決権を行使する権限を持っているのは株主です。しかし、この株主本人が総会に出席できない場合、自分の代わりに誰かに出席してもらって議決権を行使してもらいたい、と思うかもしれません。

この場合、株主は、自分の代わりに株主総会に出席して議決権を行使する人に、自分が有している議決権を行使する権限を与えなければなりません。そしてさらに、その代わりの人に議決権を行使する権限を与えていることが、会社に明らかなようにしておかなければ、その人は議決権を行使することができません。会社としても、いくらその人がその株主の代理人であると主張しても、それを証明するものがなければ、議決権を行使させるわけにはいきません。

このような場合に必要となるのが委任状です。このように、委任状とは自分が行うことを誰かにやってもらう場合に作成する書面です。株主総会の場合、株主が代理人に議決権を行使させるときに必要となります。

代理権の授与
代理人が議決権を行使する場合、株主本人から代理人への代理権の授与は株主総会ごとにしなければならない(会社法310条)。

■ どのようにして利用するのか

会社は、株主が代理人に議決権を行使させることを禁止できません。ただ、誰でも代理人となれるようにしてしまうと、その会社の株主以外の者が株主総会を妨害することも考えられます。そうなると、会社としては対処に苦慮することになります。

そこで会社法は、株主が代理人を立てることを認めると共に、

代理人のしくみ

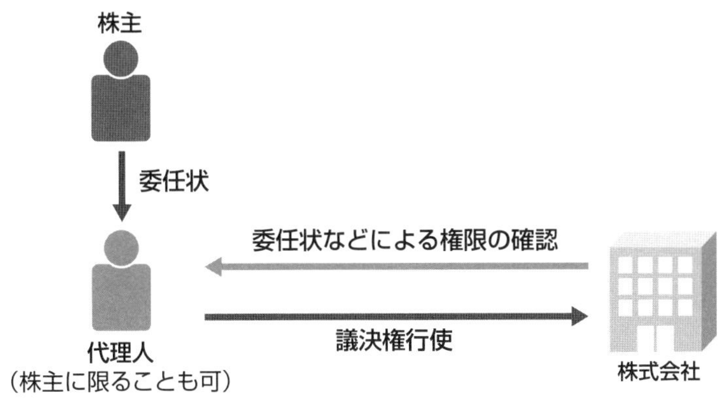

会社側がその代理人となる者の資格を定めることをも認め、バランスを図りました。具体的には「代理人をその会社の他の株主に限る」と定款に定めることが認められています。これによって、会社としても株主以外の者に株主総会を妨害されることを防ぐことができるようになっています。さらに会社側は、株主総会に出席できる代理人の数を制限できます。

ただ、代理人はその会社の株主に限るということになると、多くの株主は、代理人を見つけられず、議決権を行使することができなくなります。そのため、一定の議案の可決を目指す場合、書面投票・電子投票の活用や委任状勧誘が必要となります。委任状勧誘とは、株主に対して議決権の行使に関する委任状の交付を勧誘することです。

なお、委任状は、株主が代理人によって議決権を行使する際に提出する必要があります。株主が代理人に代理権を与える場合には、株主総会が開催されるたびに、改めて行わなければならなりません。したがって、「今後○○氏を私の代理人とする」などと記載した委任状を作成することはできません。

委任状勧誘についての規制

株主に情報を与えずに委任状の勧誘が行われると、勧誘者の利益のためだけに議決権が行使される可能性がある。そのため、上場会社については金融商品取引法上、参考書類の交付など、情報の開示が義務付けられている。

■ 委任状を取り扱う上での注意点とは

委任状を持った代理人が株主総会に現れた場合には、原則として株主と同様の待遇をしなければなりません。その際、委任状の内容をよく見て、その人が株主の代理人であることを確認した後に、株主総会の会場へと案内することになります。その際確認すべきポイントは、その代理人が代理人の資格要件を満たしているかどうかです。その会社の株主でなければ代理人になれないという条件をつけている場合、その代理人はその会社の株主であるはずなので、確認をする際には、その代理人自身が株主として持っている議決権行使書面や株主総会への出席票を見せてもらって本人であることを確認するとよいでしょう。なお、慎重を期する場合には、委任状だけでなく、代理人が委任を承諾したことを証した受任承諾書の提出を求めるのもよいでしょう。

株主が法人の場合、株主総会に法人が出席できるわけではありませんので、株主総会に実際に出席するのは当然その法人の代理人となります。その代理人の代理権を確認する場合は、その人が株主である法人の従業員であるかどうかを確認すれば足りるでしょう。

また、このような場合には、その従業員自身がその会社の株主ではなかったとしても問題はないので、その来場者自身が株主かどうかまでは確認する必要はありません。

なお、47ページで説明した委任状勧誘の場合も、議決権の行使を代理人に委ねることになりますから、委任状が必要になります。この委任状勧誘は、一定の定足数が必要な事項について、会社側がその株主総会で決議を成立させたい場合に、出席した株主の数が定足数に満たない事態とならないために行うことがあります。委任状用紙を受け取った株主が第三者に議決権を行使してほしくないと思った場合には、自分が出席すればよいわけですから、会社側から株主に対して委任状勧誘を行ったとし

定足数

合議体（複数のメンバーで物事を決定する場合のその団体のこと）において、議事を行いその意思を決定する際に必要になる最小限の出席者数のこと。会社法では、「議決権の過半数にあたる株主の出席」が定足数の原則であるが、定款で定足数を撤廃することは可能。
ただし、役員の選任・解任の総会決議については、定足数として、最低でも議決権の3分の1にあたる株主の出席が必要である。

代理人の確認

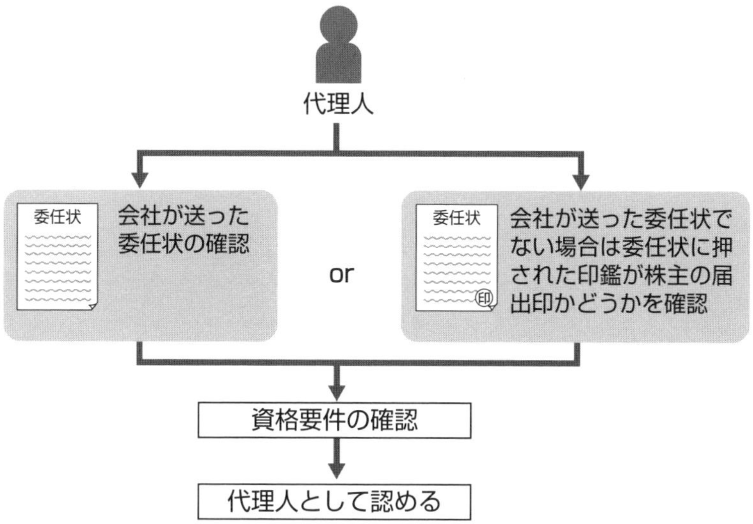

ても、特に株主に無理強いをすることにはなりません。

したがって、ある決議を成立させたい場合でそのためには一定の定足数が必要であることがわかっている場合は、株主総会の招集通知の際に委任状用紙も同封して勧誘する方法が確実だといえます。

勧誘する際の委任状には受任者名（株主の議決権を代理して行使する人の名前）と日付の部分を空白にしたまま送る方法が考えられます。この場合、株主は議決権行使を委任する人を特定しないまま署名して会社に返送することになります。

このようにして返送されてきた委任状の受任者の欄に、会社側が議決権を代理で行使するのに適当と思われる人を記載して受任者とすることができます。もちろん、受任者の候補があらかじめ決まっている場合には、受任者名を記載した委任状を送付することもできます。

株主総会参考書類

書面投票や電子投票を認めている会社が招集通知と共に送る書類

どのように活用するのか

株主は、招集通知と共に送られてきた株主総会参考書類から会社の状況や議案をめぐる状況を判断し、議案に対する賛否を決める。したがって、会社は、株主がその判断をするのに必要な量と質を備えた株主総会参考書類を送らなければならない。

■ どんなものなのか

株主総会参考書類とは、書面投票制度や電子投票制度を採用している会社において、株主総会の招集通知と共に株主に送ることが義務付けられている資料です。送付が義務付けられているのは、株主総会に出席せずに事前に議決権を行使する株主が、必要な情報を得られるようにするためです。

したがって、添付する株主総会参考書類には、まず株主総会でとりあげられることになっている議案を記載します。さらに、その議案に関して、提案の理由や、株主総会で報告しなければならない調査結果がある場合には、その結果の概要を記載します。

なお、株主総会参考書類に記載しなければならない事項は、株主総会で決議する予定の議案の内容ごとに決められています。

たとえば、取締役や会計参与、監査役、会計監査人の選任に関する議案をとりあげる場合には、それぞれ選任される人の氏名をはじめとしてその人の選任の当否について判断するために必要な情報を記載しなければなりません。

役員の解任や報酬、計算関係書類の承認といった議案もあれば、定款変更などについての承認といった議案もあり、それぞれ求められる記載内容は大きく異なります。

したがって、実際に株主総会参考書類を送る時には、議案の内容に応じて必要な情報を準備します。

■ 電子提供措置

2019年の会社法改正により、株主総会参考書類などに記載す

株主総会参考書類

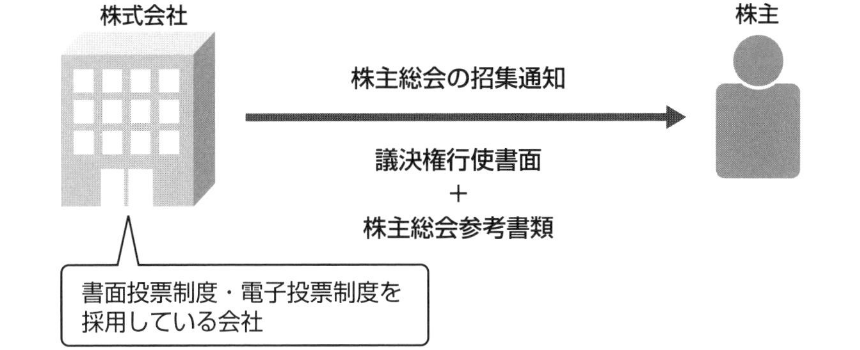

べき事項は、株主の個別の承諾がなくても、インターネット上に開示することで、提供することができるようになりました。

このように、インターネット上に株主総会参考書類の記載事項を開示する場合、招集通知において、そのアドレスを株主に通知することになります。これを電子提供措置といいますが、電子提供措置をするには、あらかじめ定款で電子提供措置をする旨を定めておかなければなりません。定款に定めるには、株主総会による決議を経る必要があります。

また、株主総会による決議を経て、電子提供措置を定款に定めたとしても、ただインターネット上に株主総会参考書類などの記載事項を開示すればよいというものではありません。電子提供措置として認められるためには、その株主総会の招集通知を出す時から一定期間継続してインターネット上で開示する必要があります。この一定期間とは、株主総会の日の３週間前または招集通知を発した日のいずれか早い方の日から株主総会が開催された日から３か月が経過した日までです。

定款
会社の根本規則のこと。本店所在地、商号、目的などの絶対的記載事項の他、会社の基本的な組織形態、運営方法が定款で定められる。

計算書類

会社の資金関係の情報を開示する書類で貸借対照表などがある

■ どんなものがあるのか

貸借対照表、損益計算書、株主資本等変動計算書、個別注記表を計算書類といいます。計算書類の金額は1円単位、千円単位、あるいは百万円単位で表示します。

会社は、こうした計算書類と共に事業報告、附属明細書を作成し、会社の財政状態や経営成績を株主に開示しなければなりません。事業報告は、会社の状況を数値で表す計算書類とは異なって、会社の事業の状況を文章で説明したもので、書類を作成する際のもととなる情報も会計帳簿だけに限りません。なお、附属明細書は、計算書類と事業報告の記載内容を補足するもので、重要な事項の明細を記載した書類です。

■ ある時点での財産状況を表すのが貸借対照表

貸借対照表は、損益計算書や株主資本等変動計算書とは異なって、ある一定の時点での数値を表すものです。定時株主総会では事業年度末（当期末）の財政状態を記載した貸借対照表を株主に開示します。

貸借対照表には、資産、負債、純資産という区分があります。資産・負債・純資産は真ん中から右と左に分かれて表記されます。左側を借方と言い、資産を記載します。一方、右側を貸方と言い、負債と純資産を記載します。

資産はさらに細かく、流動資産、固定資産、繰延資産に分けて書き記します。負債は流動負債、固定負債に分けて記載します。純資産は、株主資本、評価・換算差額等、新株予約権に分

繰延資産
すでに支出は済んでいて、支出の効果が将来にわたって現れると期待される費用のこと。繰延資産は創立費、開業費、株式交付費、社債発行費等、開発費の５つの項目に限定して取り扱われる。

会社法で定められている４種類の計算書類

貸借対照表	事業年度末（当期末）の会社の財政状態を具体的な数値で表した書類
損益計算書	一定の期間中における会社の経営成績を数値で表した書類
株主資本等変動計算書	事業年度中の純資産がどれだけ変動したのかを示す書類
個別注記表	計算書類を理解するために必要となる重要な事項を注記として記載してまとめた書類

けて記載します。

なお、貸借対照表は英語でバランス・シートと呼ばれており、「B/S」と略すこともあります。

■ 会社の経営成績を明らかにするのが損益計算書

損益計算書は一定期間の損益を数値で示すものですから、各事業年度の会社の経営成績を把握することができます。このため、その事業年度の損益がどうなっているか、またその原因はどこにあるのかを把握するのに適しています。

損益計算書に記載する事項は、①売上高、②売上原価、③販売費・一般管理費、④営業外収益、⑤営業外費用、⑥特別利益、⑦特別損失の７つの項目に分けて計上することになっています。

この①～⑦の項目から、売上総利益あるいは売上総損失の金額、営業利益あるいは営業損失の金額、経常利益あるいは経常損失の金額が算出されます。そして、最終的に算出される税引前当期純利益（純損失）の金額によって、当期の会社の経営成績が明らかにされます。

このように、損益計算書は会社の経営成績を利益と損失によって表現します。利益と損失をそれぞれ英語で「Profit」

営業外収益
企業の主たる営業活動（本業）以外の投資活動や財務活動などによって生じた収益のこと。たとえば受取利息などがある。

営業外費用
企業の主たる営業活動（本業）以外の企業の投資活動や財務活動などによって生じた費用のこと。たとえば支払利息などがある。

特別利益
企業の通常の経営活動以外の特別な事由によって生じた利益のこと。たとえば固定資産売却益などがある。

特別損失
企業の通常の経営活動以外の特別な事由によって生じた損失のこと。たとえば固定資産売却損などがある。

「Loss」と言うことから、損益計算書のことを略して「P／L」と言うこともあります。

■ 株主資本等変動計算書とは

株主資本等変動計算書は、その事業年度中の会社の純資産の部の数値の変動を明らかにするものです。

会社は株主への剰余金の配当を行う時期を自由に決めることができます。しかし、その事業年度中の株主資本がどのように変化したのかを株主に明らかにしなければ、株主側では会社の剰余金の配当状況について妥当なものだったかどうかを把握することができません。このため、株主資本等変動計算書によって事業年度中の純資産の変動を明らかにすることは、株主にとって重要な事項となっています。

株主資本等変動計算書に記載する数値は、株主資本、評価・換算差額等、新株予約権という項目に分けます。株主資本の項目は、資本金、新株式申込証拠金、資本剰余金、利益剰余金、自己株式、自己株式申込証拠金の項目に分けて数値を記載します。こうした区分のうち、資本金、資本剰余金、利益剰余金、自己株式に関する項目については、当期首残高、当期変動額、当期末残高を明示しなければなりません。また、評価・換算差額等（その他有価証券評価差額金、繰越ヘッジ損益、土地再評価差額金など）、新株予約権に関する項目については、当期首残高、当期変動額、当期末残高を明示しなければなりません。

新株式申込証拠金
新株を取得するために払込みを受けた申込期日経過後の申込証拠金の額。

■ 個別注記表とは

今まで説明してきた貸借対照表、損益計算書、株主資本等変動計画書によって明らかになった会社の経営成績や財政状態に関する数値データを株主が判断するために必要な事項について、文章で説明した書類を個別注記表といいます。

会計監査人を設置していない非公開会社の場合、法令で義務

貸借対照表と損益計算書

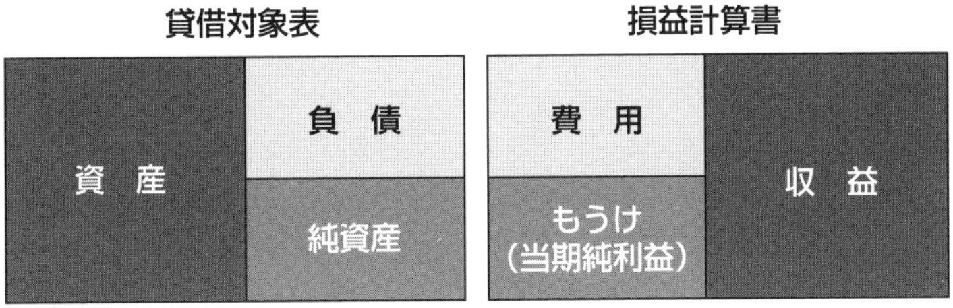

付けられている注記は限られていますが、重要な会計方針に関する事項に関する注記や、株主資本等変動計算書に関する注記などは必要になります。

■ 附属明細書とは

附属明細書は、計算書類や事業報告に記載された事項について補足する必要がある重要な項目についての明細を記載した文書です。附属明細書が補足する事項の対象となる書類は、計算書類だけでなく事業報告も含まれますので、作成するときには、それぞれに分けて記載する必要があります。

計算書類を補足する附属明細書には、有形固定資産・無形固定資産、引当金、販売費及び一般管理費の明細などを記載する他、貸借対照表・損益計算書・株主資本等変動計算書・個別注記表に記載された重要事項について補足する内容を記載しなければなりません。また、個別注記表に記載する事項のうち、親会社などの関連当事者との取引に関する注記について注記せずに省略した会社は、その省略した内容の明細を附属明細書に記載しなければなりません。

他方、事業報告を補足する明細書には、事業報告の内容を補足する重要な内容を記載します。

引当金
将来発生する費用または損失に対して事前に準備しておく金銭のこと。

計算書類の作成と監査・承認

監査役（会）や会計監査人を設置している会社は計算書類の監査が必要

■ 作成から監査、承認までの流れ

会社は、事業年度ごとに計算書類を作成しますが、この計算書類はただ作成すればよいというものではありません。その事業年度の計算書類を作成し、株主にその書類を提出しますが、提出する前に監査役の監査を経なければなりません（監査役を設置している会社の場合。指名委員会等設置会社では監査委員会が監査を行い、監査等委員会設置会社では監査等委員会が監査を行う）。また、会計監査人を設置している会社の場合には、作成した計算書類について、会計監査人の監査を受けなければなりません。

監査を受けなければならないのは、定時株主総会に向けて作成される計算書類だけではありません。臨時決算日を設けて作成される臨時計算書類や連結計算書類の場合も同様です。

監査役などの監査を受けた後は、取締役会設置会社の場合には取締役会の承認を経なければなりません。

このように順番としては、計算書類の作成、監査役などによる監査、取締役会による承認の後に株主総会に提出し、株主総会の承認を得る、と言う流れになります。これは計算書類だけでなく、計算書類の内容を補足した附属明細書も、これと同じように作成・監査・承認と言う過程を経ることになります。

作成した計算書類とその附属明細書は、作成した時点から10年間、保存しておかなければなりません。また、計算書類は電磁的記録で作成することもできます。

臨時決算日
会計期間（事業年度）の途中に一時的に設ける決算日。臨時決算を行う場合、臨時決算日の財産の状況を把握して貸借対照表や損益計算書を作成することになる。

連結計算書類
連結ベースで作成される計算書類のこと。

計算書類の監査

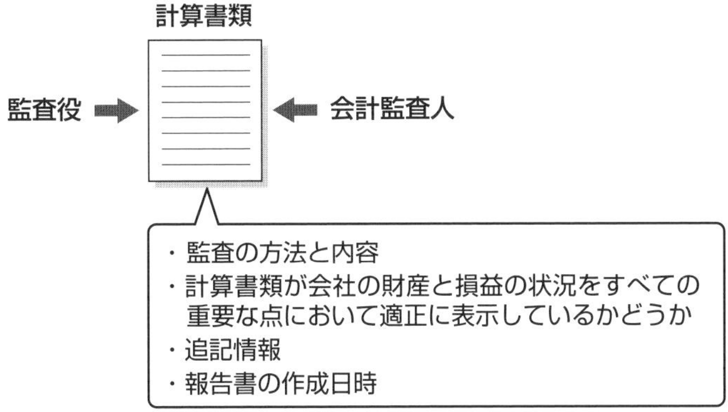

■ 監査役や会計監査人などの監査

監査とは、計算書類やその附属明細書の内容が適正なものであるかを監査役などが確認することです。会計監査人を設置している会社の場合には、会計監査人も計算書類とその附属明細書の内容を確認します。

・会計監査人を設置していない会社の場合

監査役を置いていて会計監査人を置いていない会社の場合、監査役は監査報告を作成する必要があります。この監査報告には、①監査役の監査の方法及びその内容、②計算関係書類が会社の財産及び損益の状況をすべての重要な点において適正に表示しているかどうかについての意見、③監査のため必要な調査ができなかったときは、その旨及びその理由、④追記情報、⑤監査報告を作成した日を記載します。

・会計監査人を設置している会社の場合

会計監査人を設置している会社の場合、会計監査人は、会計監査報告に、①会計監査人の監査の方法及びその内容、②計算関係書類が当該株式会社の財産及び損益の状況をすべての重要

監査役

取締役の業務執行を監査することを任務とする株式会社の機関（会社法381条）。監査役は株主総会決議により選任される（同法329条1項）。監査役は、取締役が不正行為をしている場合には取締役会に報告し、場合によっては取締役の行為の差止めを求めることができる。

会計監査人

計算書類等の監査をする株式会社の機関。大会社、指名委員会等設置会社、監査等委員会設置会社には必ず設置される。会計監査人は、公認会計士または監査法人である必要がある。会計監査人は株主総会で選任・解任され、通常は、任期は1年である（会社法338条）。会計について専門家に監査をしてもらうことで、会社の計算書類の正確性を担保する。

な点において適正に表示しているかどうかについての意見があるときは、その意見、③意見がないときは、その旨及びその理由、④継続企業の前提に関する注記に係る事項、⑤追記情報、⑥会計監査報告を作成した日を記載します。

会計監査人を設置している会社の監査役などが作成する監査報告に記載すべき事項は、監査役などの主体によって異なりますが、監査役の場合は、①監査役の監査の方法及びその内容、②会計監査人の監査の方法または結果を相当でないと認めたときは、その旨及びその理由、③重要な後発事象、④会計監査人の職務の遂行が適正に実施されることを確保するための体制に関する事項、⑤監査のため必要な調査ができなかったときは、その旨及びその理由、⑥監査報告を作成した日を記載します。

監査報告は、監査役会設置会社では、監査役と監査役会がそれぞれ作成し、指名委員会等設置会社では監査委員会が作成し、監査等委員会設置会社では監査等委員会が作成します。

追記情報

会計方針の変更、重要な偶発事象、重要な後発事象といった事項について監査役の判断に関して説明をする必要がある事項や計算関係書類の内容のうち強調する必要がある事項のこと（会社計算規則122条2項）。

■ 取締役会での承認

取締役会設置会社の場合、監査役や会計監査人による監査を受けた計算書類は、取締役会に提出され、取締役会の承認を得てから定時株主総会に提出されます。

■ 株主総会での承認

定時株主総会では、「第○号議案 第○○期計算書類承認の件」といった形で決議事項としてとりあげられ、提出された計算書類について承認するかどうかの決議が行われます。

定時株主総会での決議の結果、計算書類が承認されればその事業年度の計算書類が確定したことになります。

なお、臨時計算書類を作成した場合も株主総会の承認が必要です。これは、臨時計算書類に基づいて株主に剰余金を配当することが認められているため、そのもととなる計算書類につい

計算書類の承認

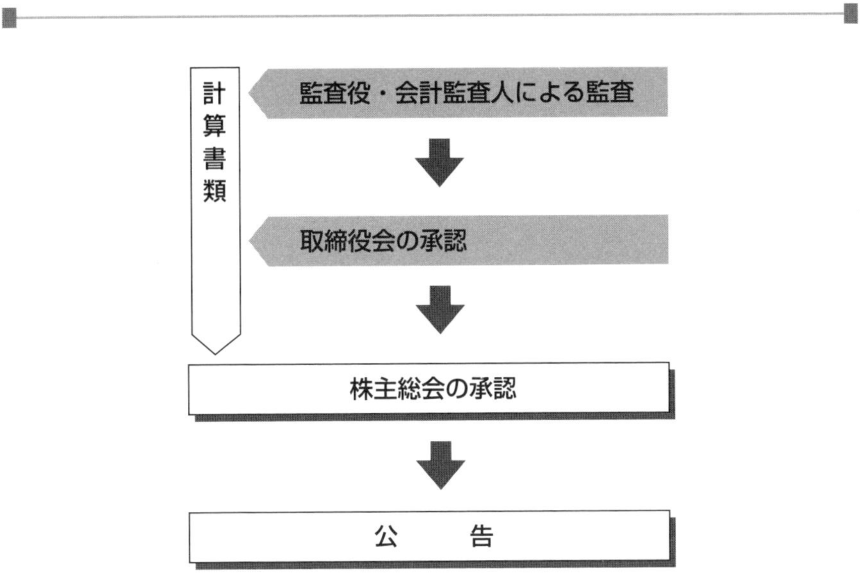

て、株主の判断が必要だと考えられているからです。

株主総会で承認された計算書類のうち貸借対照表などは、総会終結後、すぐに公告することが必要です。

他方、会計監査人を設置している会社の場合、取締役が計算書類の内容を定時株主総会に報告するだけで、承認を得なくてもよい場合もあります。具体的には、①会計監査人と監査役が監査した計算書類を取締役会が承認していて、②監査報告の内容として会計監査人の監査の方法・結果を相当でないと認める意見がないなど、その計算書類が法令と定款に従って会社の財産・損益の状況を正しく表示していると認めることができる場合です。この場合、計算書類の株主総会への提出・承認の手続きを省略することができます。

公告

特定の事項を広く一般に知らせることで、官報もしくは時事に関する事項を掲載する日刊新聞紙やインターネットを利用して行う。

PART2
9

議決権行使の
ルールと書面

事業報告

内部統制システムの整備に関する内容も事業報告に記載しなければならない

■ 事業報告とは何か

会社の財政状態や経営成績に関する会計情報を扱う計算書類とは異なって、事業報告は、会社の事業の状況を文章で説明した書類です。定時株主総会で事業報告を株主に提供する際には、事業報告に記載した内容を補足する附属明細書も提出します。

事業報告には、その会社の状況に関する重要な事項、内部統制システムに関する事項などを記載します。

事業報告も計算書類と同じように、作成、監査（監査役を置いている会社の場合は監査役によって行われる）、承認（取締役会設置会社の場合には取締役会によって行われる）を受ける必要があります。そしてその後、取締役が株主総会にその内容を報告する、と言う流れになります。

■ どのような目的で作られるのか

会社は、定時株主総会のために事業報告を株主に提供するだけでなく、その定時株主総会において、提出した事業報告の内容を報告しなければなりません。この報告は取締役が行います。

このように、事業報告を株主に提供したり取締役が内容を報告するのは、株主が株主総会で議決権を行使する際に重要な判断基準となる情報を説明する必要があるからです。したがって、事業報告は株主の判断に役立つように、わかりやすい言葉で書く必要があります。できれば、図表などを使って株主が内容を把握しやすいように工夫しましょう。

内部統制システムの構築

その会社の取締役の職務執行を法令・定款に適合させるために必要な体制のことで、会社の業務の適正を確保するのに必要な体制も含まれる。このように、取締役の職務執行の適正や効率化のために、その会社でとられる対策をシステム化することを内部統制システムと呼んでいる。内部統制システムを整備することについて定めている会社において、その内容について会社で何らかの決定がなされたり取締役会で決議がなされた場合、その会社は、その内容を事業報告に記載しなければならない。また、内部統制システムの運用状況の概要も記載しなければならない。
したがって、内部統制システムを構築している会社は、その内容についても株主に報告しなければならない。

事業報告の内容

1. 会社の状況に関する重要な事項
2. 内部統制システムの整備に関する決定・決議の内容、運用状況の概要
3. 財務及び事業の方針の決定を支配する者の在り方に関する基本方針
   例）買収防衛策など
4. 多重代表訴訟の対象となる子会社の概要
5. 親会社などとの間の関連当事者取引に関する事項

■ 説明の際のポイント

事業報告を作成する会社側は日々扱っている内容であることから、つい専門用語や業界用語を何の説明もなく使ってしまいがちです。しかし、株主は毎日その業界で仕事をしているわけではありません。突然何の説明もなく専門用語や業界用語を使われても理解するのは難しいでしょう。こうした用語を多用されると、結局何が書かれているのか、どんな内容を報告しているのか、はっきりと把握できなくなってしまいます。事業報告を作成する場合には、株主によけいな負担を与えないように、専門用語・業界用語を多用するのはやめましょう。どうしても使わなければならない場合には、平易な言葉で説明文を加えるなどの工夫が必要です。

株主総会では取締役が事業報告の説明をすることになります。その際も、株主が内容をよく把握できることを優先して話すようにしましょう。IR活動に力を入れている会社であれば、事業報告の内容を説明する際にビデオを使ったりカラーで作成した資料を用いて説明するなど、株主の視点に立ってわかりやすい説明となるように心がけるようにしましょう。

多重代表訴訟
持株会社などの株主がグループ傘下の会社の取締役らの責任を追及できる制度。

関連当事者取引
親会社、主要株主、役員、主要株主や役員の親族など、会社の意思決定に大きな影響を及ぼしうる者のこと。会社と関連当事者との間の取引は、第三者との間の取引とは異なる条件で行われ、会社の経営に影響を及ぼす可能性があるので、事業報告での開示が義務づけられている。

ＩR活動
株主をはじめとする投資家に対して、投資をする際の判断材料となるタイムリーな情報を会社が継続して提供する活動を言う。

PART2
10

議決権行使の
ルールと書面

株主総会の決議についてのルール

普通決議が原則だが、特に重要な事項の場合は特別決議や特殊決議となる

■ 決議の種類について

株主総会において各株主は、原則として一株につき１個の議決権をもっています（一株一議決権の原則）。株主が総会に出席して議決権を行使するのが原則ですが、①代理人によって議決権を行使することや、②議決権行使書面に必要な事項を記載して会社に提出するという方法、③電子投票によって議決権を行使することができる場合もあります。また、株主が２個以上の議決権をもっているようなケースでは、一部で反対し一部で賛成するというように、議決権を統一しないで行使することもできます（議決権の不統一行使）。

株主総会での決議は多数決の原則で決められます。決議には、次の３種類があります。

①　普通決議

その株主総会で議決権を行使できる株式の過半数分を満たす株主が出席した上で、出席した株主がもつ議決権数の過半数の賛成で行う決議のことです。法律や定款で他の決議方法が定められていない事項について決議する場合には、普通決議によるのが原則です。具体的には、役員の選任決議などがあります。

なお、普通決議は、「議決権を行使できる株式の過半数分を満たす株主」が出席すること（定足数）が要件ですが、定款で定めれば、この定足数を排除することができます。つまり、出席した株主の議決権の数の過半数で決議することが可能になります。

ただ、役員の選任決議などの場合には、定足数について議決権を行使することのできる株主の３分の１未満にすることはで

不統一行使の通知

取締役会設置会社においては不統一行使をする株主は株主総会の３日前までに不統一行使することとその理由について会社に通知しなければならない（会社法313条２項）。

会社の諸手続きのIT化

電子化された会社手続きには、次のようなものがある。
・会社関係書類
定款などの会社関係の書類を、コンピュータにデータとして作成・保存できる。この場合、株主や会社債権者は、会社に対しその記録された情報を書面に出力するように請求することができる。
・会社・株主間の通知等
株主の承諾があれば、株主総会の招集通知など会社と株主の間のやりとりを電子投票で行うことができる。
・株主総会の議決
株主の議決権行使を電子投票で行うことができる。
・決算公告
計算書類や事業報告書、それらの附属明細書を、会社のホームページ上に掲載するといった電磁的な方法で公開することができる。

普通決議と特別決議

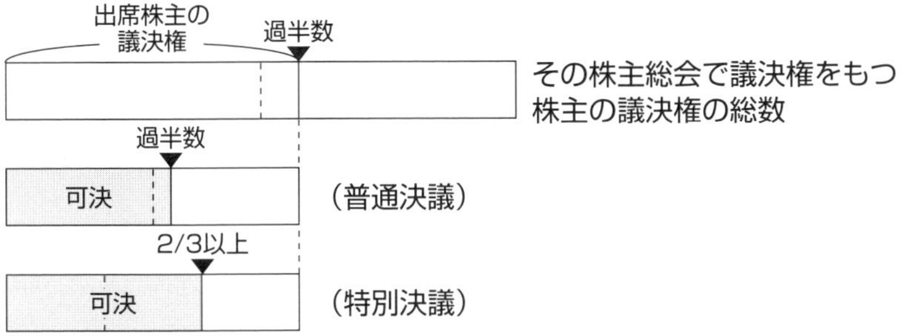

きません。また、定足数と異なり、表決数については、加重することはできても、軽減したり排除することはできません。

② 特別決議

その株主総会で議決権を行使できる株主の議決権の過半数をもつ株主が出席し、その議決権の３分の２以上の賛成により決議するものです。株主の重要な利益に関わる事項については、特別決議が必要です。取締役会設置会社の株主総会において特別決議が必要となる決議事項としては、たとえば、資本金の額の減少、定款の変更、現物配当などがあります。

③ 特殊決議

特別決議よりも決議のための要件が重くなっている場合です。たとえば、全部の株式の内容について株式譲渡に会社の承認を要する旨の定款の定めを設ける定款変更をする場合は、その株主総会で議決権を行使できる株主の半数以上で、かつ当該株主の議決権の３分の２以上の賛成が必要です。

また、非公開会社が剰余金配当・残余財産分配・株主総会の議決権につき株主ごとに異なる取扱いをする旨を定款で定める場合には、「総株主の半数以上であって、総株主の議決権の４分の３以上」の賛成が必要になります。

電子投票の条件

株主総会の議決権を電磁的方法で行使するには、取締役や取締役会での決定後、総会招集通知にその旨を記載するという手続きを踏むことが必要である。電磁的方法による議決権の行使があった場合、会社は、総会の日から3か月、本店（本社）にその電磁的記録を備え置かなければならない。

Column

剰余金の配当

会社があげた利益を株主に分配することを、剰余金の配当といいます。会社は営利を目的とする法人です。「営利」とは、単に会社自身が事業活動を通じて利益をあげることを意味するだけではなく、あげた利益を出資者に分配することを意味します。この出資者への分配が剰余金の配当ということになります。剰余金とは、会社の純資産額から、会社に留保しなければならない資本金や準備金などを差し引いた額のことです。剰余金の配当は、株主総会の普通決議でいつでも行うことができます。また、取締役会設置会社は、定款で定めれば、1事業年度の途中で1回に限り、取締役会の決議で剰余金の配当をすることができます。これを中間配当といいます。

剰余金の配当は、分配可能額を超えて行うことはできません。分配可能額とは、剰余金の額から自己株式（会社の自社株）の帳簿価額などを差し引いた額のことです。無制限に剰余金の配当ができるとすれば、会社財産が不当に流出して会社債権者の利益を害する危険があるからです。なお、配当後の純資産額が300万円未満となるような剰余金の配当も禁止されています。分配可能額を超えてなされた剰余金の配当（いわゆる「たこ配当」）が無効かどうかについては見解が分かれています。

まず、会社は、違法な配当を受けた株主に対して、その返還を請求することができます。また、会社債権者も、株主に対して直接自分に返還するように請求することができます。さらに、取締役は、分配可能額を超えて剰余金の分配がなされた場合には、分配された額を会社に支払わなければなりません。取締役が分配可能額を超える配当であることを知って（悪意）、または、重大な不注意でそのことを知らずに（重過失）、違法な配当を行い、そのことによって第三者に損害を与えた場合には、賠償責任を負います。

PART 3

株式名簿などの株式事務手続き

PART3
1

株式事務

株式名簿などの
株式事務手続き

ステークホルダーに直接関わる重要な仕事

■ どんな仕事なのか

株式事務とは、株式に関するあらゆる事務を指します。

具体的には、以下のように非常に多岐にわたっています。

① 定款や株式取扱規則、取締役会規則、取締役会の議事録の作成・整備・保管
② 株主名簿の管理
③ 株式の譲渡関連の事務や手続き
④ 決算及び配当に関連する事務や手続き
⑤ 株主総会の関連事務や手続き
⑥ 自社株の取扱いに関する事務や手続き
⑦ 増資及び新株発行の事務や手続き
⑧ 企業再編に関係する事務や手続き
⑨ 従業員持ち株会の設立等に関する事務や手続き
⑩ ストックオプションに関する事務や手続き
⑪ 投資家向け広報（IR）及び株主向け広報（SR）

そこで、把握しやすいように日常的に起こる日常業務と特別な事態が生じた場合に行う業務の２種類に分けて考えることもあります。①～⑤、⑩、⑪が日常業務、⑥～⑨が特別な事態が生じた場合に行う業務とおおまかに分けることも可能です。一般的には日常業務は④、⑤が、特別な事態が生じた場合に行う業務は⑦、⑧がそれぞれの忙しさのピークとなります。

すべての株式事務には、厳しさの度合いに違いがあるものの、法律によって規制があり、それに則った事務を遂行しなければなりません。

従業員持ち株会
従業員が共同で自社株を購入する制度のこと。

ストックオプション
役員や社員に対して、一定の期間内に、あらかじめ定めた価額（権利行使価額）で買い取ることができる権利（新株予約権）を与える制度。一定の期間内に株価が上昇すれば、権利行使価額との差額分が社員等の利益となる。そのため、ストックオプションは社員の労働意欲を増進するために用いられている。

株式事務の種類

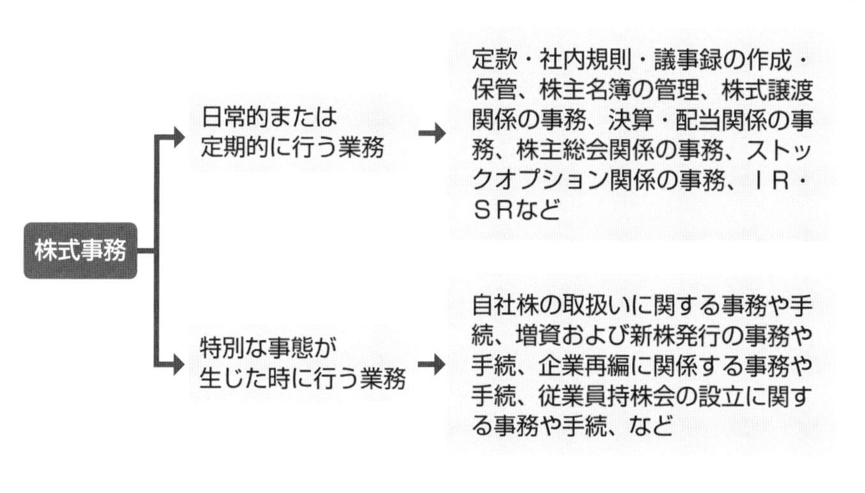

■ 上場会社と非上場会社ではどのように違うのか

上場会社（上場企業）と非上場会社（非上場企業）とでは、株式事務も内容が変わります。上場企業の場合は、株式事務のほとんどを証券代行会社や信託銀行、証券会社に任せ、日常業務としては、自社内では①、④、⑤、⑩の事務の一部と、⑪の業務を行うだけになっています。特に証券保管振替機構（ほふり）がスタートしてからは、自社内で行う事務の範囲はさらに狭くなっています。

また、上場企業では、株主名簿管理人を置くことが求められています。会社法上は設置が義務付けられているわけではありませんが、上場する際には株主名簿管理人を置くように求められます。おもな委託先は証券代行会社（アイ・アールジャパン、日本証券代行、東京証券代行）と信託銀行です。上場企業はこれら代行業者に事務を委託しています。このようにすることで、株式事務の煩雑な作業のほとんどを代行先に任せることができます。社内で行うのは、取締役会の議事録作成、決算書類の作

株主名簿管理人

会社法が定める株主名簿管理人とは、「株式会社に代わって株主名簿の作成及び備置きその他の株主名簿に関する事務を行う者」のこと。証券代行会社はこれにあたる。株主名簿管理人を置くためには、定款に定める必要がある。

成及び関連業務、株主総会の運営や議事録作成、情報公開（IR、SR）及びそれらの関連業務程度に限定されます。

また、上場企業の場合、株主名簿の書換えに関する業務も証券保管振替機構が行うため、会社の株式事務も非常に軽減されました。したがって、上場企業の場合、株式事務の専門部署が独立して設置されている例は多くありません。社内で必要な株式事務を担う担当者が総務や経理などのセクションの中に分かれて存在しているというのが実態です。

非上場会社と株式事務

非上場会社の場合は、外部委託をするケースは、ほとんどない。株主の数が限られ、株式の移動も少なく、株式事務を委託するほどの事務量がないためである。

他方、非上場企業の場合は、66ページで挙げた株式事務を自社内で行うのが普通です。外部に委託するほどの仕事量がないということもあるのですが、通常業務以外の業務が発生した場合などは非常に忙しくなることもあります。

しかし、非上場であっても、株式事務は上場企業と同じように行わなければならないことになっています。日常行う事務はあまり大変ではないかもしれませんが、新しいプロジェクトの進行といった事情により、新株発行やストックオプション、従業員持ち株会の事務や手続作業があることも考えられます。コストを考慮して代行業者に任せることも考える必要が出てくるケースもあります。

■ さまざまな人と関係する

専門家の活用と情報管理

公認会計士・税理士、司法書士、弁護士もそれぞれの専門的な立場から相談に乗ってもらえる力強い味方である。困った際には大いに利用すればよいが、公法上の守秘義務があるとはいえ、デリケートな情報を外部の者に開示する際は、細心の注意が必要である。

株式事務は、主に株主に対して行う事務ですが、ストックオプションなどは従業員や役員にも関係します。また、IR活動などは、株主に対する活動ですが、情報が公開されれば、取引先、金融機関、一般社会の目に触れるものです。

企業に対して利害を持った人々のことをステークホルダーと呼ぶこともあります。一般的には、従業員、役員、株主、取引先、金融機関、などがステークホルダーにあたるといえるでしょう。

株式事務の担当者はステークホルダーと接する重要な立場に

さまざまなステークホルダーとの関わり

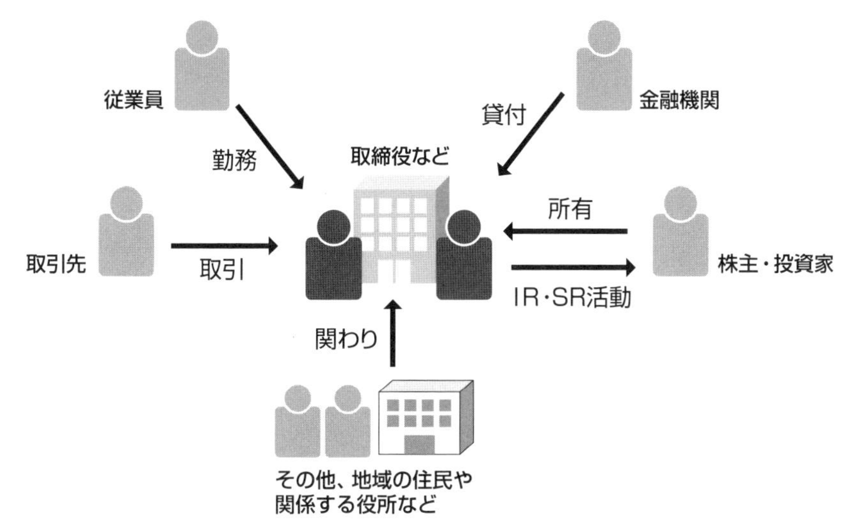

あります。経営の根幹にまで関わるという意味で、単なる事務処理ではなく、高い経営知識と情報管理能力が不可欠になります。

■ 株主への対応

特に株主に対しては一番、気を遣わなければなりません。

なんと言っても会社のオーナーだからです。IRやSRなどで株主と直接、接する機会を多く設け、意思の疎通を常日頃から怠らないようにすることが大切です。

株式市場全体の影響で株価が下がった場合などでも「なぜ、株価が下がったのか」と電話で文句を言ってくる個人株主もいますが、懇切丁寧な対応をすることが必要といえるでしょう。

ＩＲ

インベスター・リレーションズの略称。株主に対して、投資する際の判断材料となる情報を提供する活動がＩＲ活動。

SR

シェアホルダー・リレーションズの略称。企業と株主との安定的な信頼関係を築くためのさまざまな活動がＳＲ活動。

単元株制度

株式管理の手間や費用負担を軽減することができる

■ 単元株制度とは

株主が議決権などの権利を行使するのに最低限必要な株数を１単元と定めて、単元未満の株数では議決権などを行使できないものとする制度を単元株制度といいます。株主総会の議案に対して１票を投じることができる最低限の株数を１単元といいます。これは、原則として証券取引所で取引できる最低単位でもあります。単元株に満たない株式を単元未満株といいます。

１単元を何株にするかは、1000株及び発行済み株式の200分の１を超えない範囲で原則として会社が定款で自由に決めることができます。上場会社は100株を１単元としています。株式事務としては、会社が単元株を新しく定める場合は株主総会で定款変更の決議が必要になります。ただし、単元株制度の導入と同時にその単元株と同じ割合かそれ以上の割合で株式分割を行う場合には、株主の議決権に影響が出ないため、取締役会の決議のみで定款変更をすることも可能です。

また、すでにある単元の株式数を減少する場合、あるいは単元株制度を廃止する場合は、取締役会の決議で足ります。ただし、その効力が生じた後、遅滞なく株主への通知または公告をする必要があります。

単元未満株主は株主としての権利が制限されています。そこで、このような株主を救済する制度が設けられています。単元未満株式の買取請求権と売渡請求権です。売渡請求権は定款で定められた場合のみ行使することができます。

単元未満株式の売買価格は、買取りあるいは売渡しの請求日

一定規模に満たない株式

一定規模に満たない株式

↓

単元未満株

↓

株主権が制限される

- 基本
  - 議決権なし
  - 買取請求権あり
  - 売渡請求権あり（定款の定めが必要）
- 定款による制限

の終値を基に決められます。ただし、その株式が公開買付などの対象になっている場合は、市場の終値か買付価格のどちらか高い方を売買価格にします。市場で取引されていない株式の場合は、会社と株主との話し合いあるいは裁判所に価格決定を申し立てることによって決めることができます。

■ どのような制限があるのか

単元株制度では、単元株式の保有者だけがその保有分の議決権を持ちます。反対に単元未満株式の保有者にはこれらの権利はありませんが、それ以外の権利は保有するということになっています。ただし、欄外に記載する６つの権利以外の権利については、定款で単元未満株主に権利を与えないと規定することもできます。単元株を設定している会社については単元株主だけが、株主総会で決議に参加でき、単元未満株主は議決権をもちません。したがって、株主総会に出席したり、質問することができるのも単元株主だけです。株主総会を開催する場合についても、会社が株主総会の招集通知、貸借対照表、損益計算書、事業報告書といった開示資料を送付する必要があるのは単元株主だけということになります。

定款でも制限できない６つの権利

- 会社による全部取得条項付種類株式の取得の際に対価を受ける権利
- 会社の取得条項付株式の取得で対価を受ける権利
- 株式の無償割当を受ける権利
- 単元未満株式の買取請求権
- 残余財産の分配請求権
- 株主名簿の閲覧請求権などの会社法施行規則で定める権利

PART3
3

定時株主総会に関する事務のスケジュール

株式名簿などの
株式事務手続き

決算から株主総会までの3か月間が忙しさのピーク

■ どのようなスケジュールになっているのか

社内で行わなければならない株式事務のうちでメインになるのは決算及び配当に関連する事務や手続きや、株主総会の関連事務や手続きです。これらは事業年度末から株主総会までの間に集中します。この間は、日常業務の中で最も集中して仕事をする期間にもなります。そこで、まず、日常業務のうち、この期間について見ていきましょう。

事業年度末から株主総会までの期間は、一般的には3か月程度です。会社法上、基準日を定めた場合、基準日から3か月以内に株主総会を開催する必要があるためです。したがって、基準日を定めない場合は、3か月以上先に開催することもあり得ますが、本書では3か月という期間内に株主総会を開く場合を想定して話を進めていきます。

基準日

株主として権利を行使できる株主を決定するための基準となる日のこと。上場企業の場合、毎日株が取引され、株主も変わる。そこで、どの時点で株式を保有している人を株主総会に出席できる株主と認めるかについて決める必要が出てくる。基準日はその日に株主名簿に名前が載っている人を株主として認めるという意味を持っている。株式会社は一般的に決算期末を議決権行使や期末配当に関する基準日にしている。

■ どんな仕事をするのか

事業年度末から株主総会までの仕事のスケジュールは次のようになります。スケジュールごとの具体的な仕事内容を確認しておきましょう。

① 基準日を決める

あらかじめ基準日を決めておく必要がありますが、定款で基準日を事業年度末と定めている会社が多いようです。

基準日とは、その日に株主名簿に記載（もしくは記録）されている株主が権利を行使することができる者であると会社が定めた場合の基準となる日のことです。たとえば、基準日を定め

株主総会の流れ

総会の招集を決定する
・開催日時と場所を決定する
・総会の議題と議案を決定する

→

株主に招集通知を送付する
・議題・議案の要領を記載する
・非公開会社は原則として1週間前
・開催日時の2週間以上前に通知

→

株主総会を開催する
・議案を採択し閉会する
・議長の開会宣言で開会する

→

株主総会後の事務処理
・総会決議を株主に通知し公告する
・必要があれば変更登記を行う
・株主総会の議事録作成

た会社が定時株主総会を開催する場合、その基準日に株主である者（基準日株主）をその事業年度における株主総会の株主として扱うことができます。

そして、その基準日以降に株主となった者については、招集通知を送らなくても問題とはなりません（会社側が任意に招集通知を送った場合には、他の基準日株主を害さない限りは株主総会のときに株主として議決権を行使することができます）。会社法によると、基準日は、基準日から３か月以内に行使することができる権利について定めるものとされています。

したがって、３月が決算期であるたいていの会社では、３月31日を基準日と定めています。そして、決算日である基準日から３か月以内に定時株主総会を開催します。ただ、定時株主総会を開催する際には、それに先立って招集通知を出さなければなりません。

書類の作成にはある程度の時間がかかりますから、会社側としては事務手続きの準備期間としてなるべく長い期間を確保し

招集通知への参考書類の添付

書面投票制・電子投票制を採用している会社の場合には、招集通知に株主総会参考書類を添付するのが原則である。ただし、令和元年会社法改正により、株主の個別の承諾がなくても、定款に定めることを条件として、株主総会参考書類をウェブサイトに掲載し、そのアドレス等を株主に書面で通知する方法で提供できることになった。しかし、この場合でも、書面での書類提供を求める株主に対しては、書面で提供しなければならない。

たいという事情があります。こうした状況から、3月決算の多くの会社は6月に定時株主総会を開催しているのが実情です。

臨時株主総会と基準日の設定

臨時株主総会を招集する場合にも基準日を設定することができ、設定した基準日の2週間前までにその基準日を公告する必要がある。また、基準日は、当然ながら、株主総会の招集通知を発送する前の時点である必要がある。

②　計算書類等を作成する

決算期末の翌月から本格的に取り組みます。3月決算であれば4月1日から作業が本格的に動き出します。作業期間に関しての法律の規定はありません。会社法施行前の商法では監査役への書類提出期限が設けられていて、作業期間もおのずとそれに制約を受けたのですが、現在はこれが撤廃されています。ただ、3か月以内に株主総会を開催するという最終目標から逆算した場合、1か月程度の期間内に作成する必要があるでしょう。経理部門、法務部門に公認会計士・税理士を交えて集中的な作業が続く期間になります。

③　計算書類等の監査を受ける

監査の質を確保するために、会社法により一定の監査期間が確保されています。会計監査人を設置しない会社では、監査役の監査期間は4週間以上です。会計監査人を設置する会社では、会計監査人の監査期間は4週間以上、監査役の監査期間は1週間以上です。期間満了前に監査が終了すれば手続きを前倒しして進めることができます。

④　監査を受けた書類について取締役会で承認を得る

取締役会設置会社の場合は必ず必要な手続きです。招集期間も考慮してスケジュールを組む必要があります。

⑤　株主総会招集の取締役会を開催する

④のために開催された取締役会で一緒に決議するのが一般的です。⑤までを5月中に終わらせるのがひとつの目安となります。

⑥　定時株主総会の招集通知を出す

上場会社ですと株主名簿管理人が実務を行います。総会の招集通知を出してから開催までの期間は会社法に規定があります。公開会社の場合は開催の2週間前までに通知が必要です。非公開会社の場合で取締役会が設置されている会社の場合は開催日

基準日とは

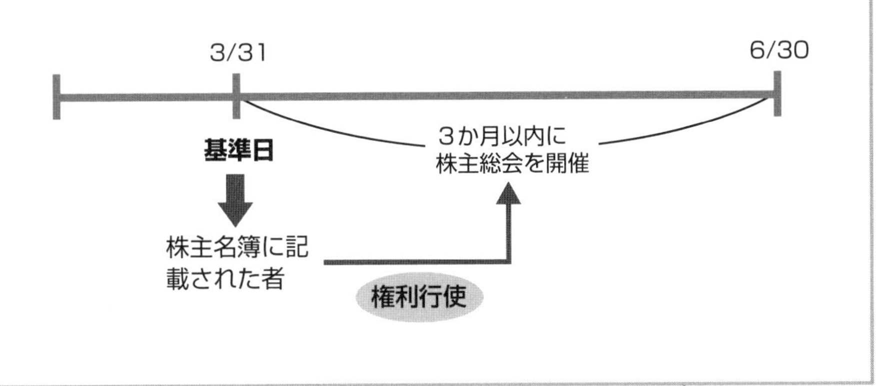

の1週間前までに通知します。

また、非公開会社で取締役会が設置されていない会社は開催日の原則として1週間前までに通知する必要がありますが、定款で1週間よりも短縮することができます。取締役会を設置している会社は招集通知と一緒に計算書類等も提供しなければなりません。

⑦　定時株主総会を開催する

いよいよ株主総会の開催です。株式事務に携わる人間にとっては1年で最も緊張する日となります。この日を迎えるためにはまず、総会会場の確保から始まります。あくまでも、株主の利便性を考えて決めることが必要です。また、総会の議事案件を社長らと共に検討します。リハーサルや株主からの質問に対する想定問答集作りも欠かせません。

無事に株主総会を乗り切るとようやく一安心です。

⑧　議事録作成・決算公告・変更登記

変更登記は必要な場合にのみ行います。

決算公告

株式会社が定時総会終了後に計算書類を公開すること。株式会社は、定時株主総会の終了後遅滞なく、貸借対照表（大会社の場合には、貸借対照表と損益計算書）を公告しなければならない（会社法440条）。

株主名簿①

株主の氏名、住所、持ち株数などが記載された帳簿が株主名簿

■ 株主名簿とは

株主の氏名や名称（法人の場合）、住所や持ち株数などが記載された帳簿を株主名簿といいます。会社法は、株式会社に対して株主名簿を作成することを義務付けています。

会社法によると、会社は、作成した株主名簿を本店に備え置かなければなりません。実際には、株主名簿を作成したり備え置くといった事務については、株主名簿管理人が行う場合が多いようです。

株主名簿管理人

会社が株主名簿管理人を置く旨を定款で定めた場合に、株主名簿に関する事務を会社が委託する者のことを言う。

会社が株主総会を招集する場合には、株主名簿上の株主の住所（あるいは株主が会社に伝えた場所や連絡先）宛に招集通知を発すれば、招集通知をしたものとして扱われます。株主総会の招集以外でも、会社が株主に対して通知や催告をする必要が生じたときに、株主名簿を作成しておけば、名簿上の住所に宛てて発すればすむため、会社側の事務処理の負担はかなり軽減されます。

このように、株主名簿は、会社が多数存在しうる株主を把握するために作成を義務付けられたものですが、株主側にもメリットがあります。株主名簿に記録されていない場合、株主は権利を行使しようとするたびに、自分が権利を有している株主であることをいちいち証明しなければなりません。これでは株主としても不便です。他方、権利を行使しようとしている株主が株主名簿に記録されていれば、自分が株主であることを証明する際の確認作業なども簡易的なものですみます。

株式に質権が設定された場合

質権者が会社に要求することで株主名簿に自分の氏名及び住所、質権を設定した株式について記載させることができる。

株主名簿の利用目的

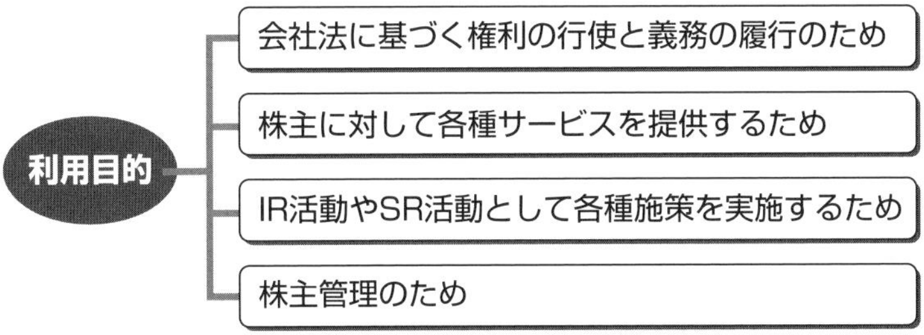

■ 株主名簿には何を記載するのか

名簿には、法律で定められた書式はありません。また、電子記録による作成も認められています。書式は自由ですが、記載事項は会社法で規定されています。具体的には、①株主の氏名及び住所、②株主の所有する株式の種類及び数、③各株式の取得年月日、④株券が発行されている場合は各株主が所有する株券の番号となっています。

株主の氏名及び住所は株主の届出に従って記載します。これは厳格に解釈しなければなりません。株主が届け出たとおりに記載しなければなりません。勝手に漢字を略字にしたり、カタカナ表記にすることは許されません。表記の変更が許されるのは、株主が外国人でその国の言語での表記が困難な場合にカタカナ表記をするなどごく一部の例外だけです。

また、株主が法人だったり、複数による共同所有である場合は代表者１人を選び、その人の名前を記載します。株式の取得年月日は、実務上は会社が株主であることを確認した日を記載しています。

株主名簿②

名簿の管理は株主名簿管理人が代行して行う

■ 株主名簿の管理と名簿管理人

平成21年の株券電子化により、上場会社においては株式を紙媒体ではなく電子上で管理することになりました。非上場会社は株券電子化の対象とはされていませんが、非上場会社も通常は株券不発行会社になっています。

上場会社における株券の意義
上場会社の株券はその役割を終えたと言ってよい。

しかし、紙媒体の株券を手元に置くことができないとなると、株主は株主名簿を閲覧する以外に自分が株主であることを証明する手段がないことになります。そこで、株主である事実を証明する手段として株主名簿記載事項証明書の請求が認められています。株券を発行しない会社に対して、株主が要求し、会社は要求に基づいて株主名簿に記載されている事項を記した証明書を発行します。証明書には会社の代表者の署名か記名押印が必要です。

株券不発行会社
株券を発行していない会社のこと。逆に株券を発行する旨を定款で定めた会社のことを株券発行会社と言う。会社法では株券不発行が原則である。

株主名簿の管理に関する事務には、①株主情報の名簿への記載及び変更、②株主名簿の備置と閲覧、③基準日設定などがあります。上場会社の場合は、名簿の管理は株主名簿管理人が代行して行います。

②の株主名簿の備置と閲覧についてですが、株主名簿は会社の本店もしくは、株主名簿管理人の事務取扱場所に常に設置し、株主から閲覧・謄写の要求があった際には営業時間内であればすぐに対応しなければなりません。閲覧や謄写の範囲を限定することも原則的には許されません。

証券代行会社
株主名簿管理人としての株式事務などを行う会社のこと。

株主名簿管理人とは、株主名簿についての事務を行う者のことです。株主名簿の管理を行う株式会社が設置することができ、

株主名簿の閲覧を拒否できるケース

株主名簿の閲覧を拒否できるケース

- 請求者の権利の確保や権利の行使に関する調査以外の目的で請求した場合
- 会社の業務遂行を妨害し、または株主の共同の利益を害する目的で請求した場合
- 株主名簿の情報を売却するなど、利益を得て第三者に知らせるために請求した場合
- 過去２年以内に、株主名簿の情報を売却するなど、利益を得て第三者に知らせるために請求したことがある場合

上場会社には設置が義務付けられています。証券代行会社や信託銀行が株主名簿管理人になるものと考えておけばよいでしょう。

業務を委託された証券代行会社などは、名簿管理をすべて代行します。なお、最近は特別な事態が生じた場合に行う株式事務（66ページ）についても株主名簿管理人が代行するケースが増えています。

■ 閲覧・謄写請求があったらどうする

会社は、株主や債権者が営業時間内に理由を明らかにして閲覧や謄写を請求してきた場合には、原則としてこれに応じなければなりません。

ただし、どんな場合でも請求に応じなければならないというわけではありません。嫌がらせや会社の営業を妨害する目的で閲覧や謄写の請求がなされた場合には、正当な理由がありませんから、請求を拒んだとしても問題はありません。

株式事務

株主名簿の管理や、株式の譲渡関連の事務や手続きなど株式に関するあらゆる事務を総称して株式事務と言う。

閲覧・謄写

閲覧とは、株主や債権者などの請求者が株主名簿を調べ、読むことを意味する。他方、株主名簿を書き写す、あるいはコピーすることを謄写と言う。

PART3
6

株主名簿③

個人情報取扱事業者に該当している場合、株主名簿の利用については十分注意する

■ 個人情報保護法と株主名簿の関係は

株主名簿を作成した会社は、多くの場合、個人情報保護法上の個人情報取扱事業者に該当します。個人情報取扱事業者とは、個人情報データベース等を事業の用に供する者のことです。

「事業の用に供する」という意味は、直接営業に利用する場合だけでなく、もっと広い意味で使われており、名簿に載っている株主の出資した資本金を利用して営業を行っている会社は、資本金を出資した株主の名簿（株主名簿）を事業の用に供している、と解釈されています。

なお、従前は過去６か月以内の個人情報の取扱い件数が5000件に満たない事業者については、個人情報保護法の適用が除外されていました。しかし、平成27年の個人情報保護法改正により、取扱い件数が5000件未満の事業者にも個人情報保護法が適用されることになりましたので、株主が少ない会社でも注意が必要です。

また、株主名簿との関わりで会社が気をつけなければならないのは、保有個人データの開示義務と訂正請求があった場合の訂正義務です。

個人情報取扱事業者が保有している個人データが「保有個人データ」に該当する場合、個人情報取扱事業者は本人からの開示請求や訂正の請求に応じなければなりません。そして、株主名簿に記載されている株主の個人情報は、この保有個人データに該当します。

つまり、株主名簿に記載されている株主は、会社に対して自

個人情報とは

個人に関する情報のことで、かつ特定の個人を識別できる情報。「個人情報データベース等」とは、個人情報を含んだ情報の集合物のことで、その集合物の中から特定の個人の情報について検索することができるように体系だてて構成されているものを言う。

保有個人データとは

個人情報データベース等を構成している個々の個人情報（個人データと言う）のうち、個人情報取扱事業者が開示、訂正などを行う権限を有するもののこと。

株主名簿の利用目的

① 会社が株主名簿に記載された株主の権利の行使を認めたり、株主に対して負っている義務を履行するため
② 会社から株主の地位にある者に対して各種サービスを提供する際に対象を特定するため
③ 会社と株主間の関係を円滑にするために株主に意見や要望を求めるために対象を特定するため
④ 法令の基準に従って株主のデータを作成したり株主管理を行うため

個人情報の取扱い

① 利用目的を特定しなければならない

② 利用目的の達成に必要な範囲内の利用にとどめなければならない

③ 適正な手段によって取得しなければならない

④ 取得に際しては、あらかじめ利用目的を公表している場合を除いて利用目的を通知または公表しなければならない

分の情報について開示請求や訂正請求をする権限を有していることになります。

■ 個人情報の取扱には注意が必要

会社が個人情報取扱事業者に該当している場合、株主名簿の利用については、十分注意する必要があります。

個人情報保護法によると、個人情報を利用する際には、利用目的を可能な限り特定しなければなりません。また、実際に個人情報を取得した際に、その情報の利用目的を、取得の際の状況から明らかな場合を除き、本人に対して通知（もしくは公表）する必要があります。そして、個人情報取扱事業者は、取得の際の状況から明らかな場合を含めて、個人情報の利用目的等について、本人が知りうる状態に置かなければなりません。本人の請求に応じて遅滞なく回答することでも足りますが、ホームページなどで公表している企業もあります。

個人情報の具体的な取扱いについては、個人情報保護委員会のガイドラインに定められている他、株主名簿については、全株懇のガイドラインがあります。

利用目的とは異なる目的のための利用

法律で認められている場合以外は、原則として利用できない。法律で認められている場合とは、たとえば、株主等による株主名簿の閲覧謄写請求や、刑事訴訟法上の令状に基づいて捜索や押収を受ける場合や、弁護士法に基づく照会を受けた場合などである。

株主名簿の書換え

株主の権利を主張するための重要な手続きである

■ 名義書換とは

株式は、会社に出資した株主としての地位や権利です。株主であるということは、配当を受ける権利、会社の重要事項を決める権利、保有株式が上場企業の株式であれば株式を市場で自由に売却する権利など、さまざまな権利を持つことになります。その反面、株主として権利行使する際には、本当の株主なのかどうかを証明することが必要です。仮に株券を持っていてもそれが盗んだものであったりした場合は当然、株主であるとはいえません。そこで、誰にでも株主であることを主張できるルールが必要になります。そのルールが株主名簿の書換えです。株主名簿に名前を記載することですが、これによって正式に株主であることを誰に対しても主張できます。

したがって、書換えをして初めて株主としての権利を行使できるということにもなります。本当の株主であっても、名簿の書換えが済んでいなければ株主としての権利を行使することはできないのが原則です。

株券を発行しないケース

株券を持っていることはもちろん重要な証明手段にはなるが、株式等振替制度の導入や、株券不発行会社の増加により、最近は株券そのものが存在しないケースのほうが一般的になっている。

株式等振替制度

上場会社の株券をすべて廃止し、株主の権利移転などの事務を証券保管振替機構と証券会社などの口座への記録により行う制度のこと。

■ どんな手続きをするのか

名義書換の手続きは、売買や贈与の場合と相続や合併の場合とでは必要書類などが異なります。また、株式等振替制度による場合、手続きが大きく変わります。以下、順に説明します。

①　売買や贈与による書換え

これには株券発行会社の名義書換と株券不発行会社の名義書換の２つのケースがあります。株式発行会社の場合は、株主が

売買や贈与による書換えに応じられないケース

その株券の喪失登録（盗まれたなど）がなされている場合などである。

株主の権利の移転と権利の行使（株券発行会社の場合）

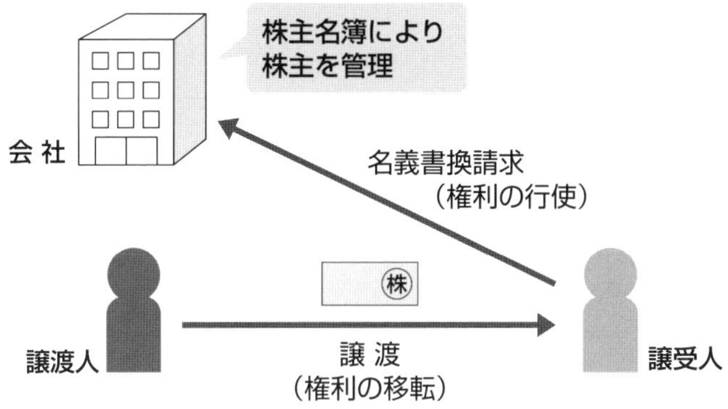

株券を会社に提示すれば、会社は原則として無条件で書換えに応じなければなりません。応じられない場合は、その合理的な理由を会社側が提示しなければなりません。

② 相続や合併などによる名義書換の手続き

正当な相続人や合併による株主であることの証明書と、株券が発行されている場合はその株券をもって会社に請求します。証明書は遺産分割協議書や戸籍謄本、登記事項証明書などです。

③ 株式等振替制度による場合

株式等振替制度では株式の売買はすべて、証券保管振替機構と、証券会社をはじめとする金融機関の振替口座を通して行われます。売買等は、口座の記録により効力を生じます。そして、証券保管振替機構から会社側（株主名簿管理人）に、基準日等における株主の情報が通知され（総株主通知）、名義書換が行われます。

株券不発行会社の名義書換

株券不発行会社の名義書換は、株主にとっては少しだけ面倒である。株式を譲渡した人と譲り受けた人の両方が連名で株主名簿の書換えを会社側に請求しなければならない。どちらか一方からの請求でも書換えに応じることにしてしまうと、不正な請求が通ってしまう可能性があるからである。

総株主通知

株式等振替制度による場合、会社側で株主名簿の名義書換を行うため、証券保管振替機構から基準日などにおける株主の情報が通知される。これを総株主通知という。会社側は、総株主通知によって、株主総会において議決権を行使し、配当を受ける株主を把握することになる。

株式取扱規則の作成

株主が権利を行使するための社内規則

■ 株式取扱規則とは

株式取扱規則は、株式事務のやり方を定めた社内規則です。個々の会社が法律にのっとって「自社では株式事務をこのような形でやります」とまとめて記載している規則集ということができます。かつては会社の存在目的をはじめとした重要な根本規則である「定款」に書かれていましたが、定款は変更の際に原則として株主総会の特別決議が必要で、事務のやり方まで定款に入れていては変更する際に手間がかかるという理由から独立させたのだと一般的には考えられています。株式取扱規則は、定款を根拠にして作成されている規則です。通常、定款には、株式取扱規則を設置し、取締役会の決議でその内容が決まると記載されています。改正する場合にも株主総会の決議ではなく、取締役会の決議で対処できることになります。

■ どのような構成で作成すればよいのか

株式取扱規則はそれぞれの会社で想定される株式事務のルールとして、不足のないものでなければなりません。

株式取扱規則にはおおむね、①総則、②名義書換の規定、③質権の登録及び信託財産の表示、④株券不所持、⑤諸届、⑥株券の再発行、⑦単元未満株式の買取、⑧手数料等といった事項を記載します。

①～⑧の具体的な内容は次ページ図のとおりです。

記載事項は、会社によって内容が変わる場合もあるので、一律に必ず上記のような項目立てになるわけではありません。

単元未満株式
一定数の株式をもって一単元の株式とする単元株制度を導入している会社について、一単元（単元株式数）に満たない数の株式のこと。

株式取扱規則のおもな記載事項

- **総則**
  - ・株式取扱規則が何を規定しているのか
  - ・定款の第何条に基づいて設置しているのか
  - ・株券発行の有無、株券の種類　など
- **名義書換の規定**
  - ・株主名簿の名義書換の方法
  - ・株主名簿管理人を置く場合、誰（会社）で住所・事務所の所在地がどこにあるのか
- **質権の登録及び信託財産の表示**
  - ・株式へ質権を設定した場合や株式が信託財産となった際の株主名簿への記載請求の方法を記載する
- **株券不所持**
  - ・株券発行会社の株主が株券を自分で持っていたくない場合の申請の仕方を規定する
- **諸届**
  - ・株主や質権者が届け出ておかなければならない事項（名前、住所、法定代理人、印鑑など）を記載する。
- **株券の再発行**
  - ・株券発行会社で株券を紛失してしまった場合の再発行の手続き
- **単元未満株式の買取**
  - ・単元未満株（最低売買単位に満たない数の株式）の買取請求の方法
  - ・買取の際の代金支払方法　など
- **手数料等**
  - ・単元未満株の買取など、事務手数料が発生する際のルールについて規定する

たとえば、種類株式を発行している会社の場合はそれらの取扱事務について、少数株主（会社の経営権を握るほどではないが、一定数以上の株式を持っている株主）がいる場合にはその権利行使の方法などが定められます。

種類株式

権利の内容が異なる2種類以上の株式を発行している会社において、発行しているそれぞれの株式のこと。

Column

株主の管理

株主の管理事務をする上で、株主に印鑑登録をお願いすることは重要です。手続書類を提出してもらう際には必ず登録してもらった印鑑を押してもらうことを株式取扱規則に明記します。そうすれば、提出された書類が本当に株主からのものなのか、誰かがなりすましたものなのかが判断しやすくなります。また、会社としても、あらかじめ届け出させておいた印鑑と書類の印影との照合を行い、相当の注意をもって、提出された書類が本当に株主からのものなのかを確認すれば、たとえ、結果的になりすましであったとしても、他に過失が認められない限り、原則として免責されることになります。

特に、株主確定の問題が生じやすい相続、増資、株式譲渡などを契機として第三者が株主になった場合などに有用といえます。

印鑑登録は会社の作成した印鑑届出書に届出印の印影と必要事項を書いて署名・押印の上、提出してもらいます。印鑑届出書に決まった書式はありませんが、印影がわかりやすいように丈夫な紙を使うようにします。また、株主が登録印を変える場合には、必ず変更届を出してもらいます。株主が登録した印鑑を紛失した場合は、紛失届と再登録届を出してもらいます。

実務上、印鑑登録関係の提出書類で注意してもらわなければならない点が１つあります。提出書類に署名・押印するときに使う印鑑です。変更届の場合は、今まで登録していた印鑑を押してもらいます。また、印鑑を紛失してしまった場合は、今まで登録していた印鑑の代わりに実印（個人の場合、市区町村に届け出ている印鑑のこと）を押してもらった上で、印鑑証明も添付してもらいます。このような手続方法を指定するのは、別人が株主になりすますのを防ぐためです。

印鑑登録後は、会社に提出するあらゆる書類に登録印で押印してもらうようにします。

PART 4

招集手続き・事前準備・取締役の説明義務

PART4
1

招集手続き・事前準備・取締役の説明義務

株主総会を招集する場合

各事業年度に開催する他、必要に応じて招集する

■ どんな場合に誰がどのように招集するのか

通常、株主総会は取締役が招集します。実務では、取締役会設置会社の場合には、取締役会における決定に従ってあらかじめ定款に定められている取締役が招集することが多いようです。たいていの会社では代表取締役が招集権者として定められています。

開催の決定と議事録
取締役会設置会社が、株主総会の開催を決定する際には、取締役会議事録が作成される。

ただ、少数株主は、会議の目的、招集の理由を記載した書面を取締役に提出して招集を請求できます。この場合の少数株主とは、総株主の議決権の100分の３以上の議決権を有する株主です（公開会社の場合は、６か月前からの株式の保有という要件が加わる）。この保有する株式の割合については、複数の株主で満たすこともできます。少数株主が招集請求をしても、取締役が株主総会の招集をしなかった場合などには、請求した株主が裁判所の許可を得て総会を招集することもできます。

また、株式会社あるいは総株主の議決権の100分の１以上の議決権を有する株主（公開会社の場合は、６か月前からの株式の保有という要件が加わる）は、株主総会の招集手続き・決議の方法を調査させるために、その株主総会が開催される前に、裁判所に対して検査役の選任の申立てをすることができます。選任された検査役は、調査結果を書面か電磁的記録に記録し、これを裁判所に提供・報告しなければなりません。この報告を受けた裁判所は、必要に応じてその会社の取締役に対して株主総会の招集を命じる場合もあります。

電磁的記録
CD-ROMやDVD-ROMなど、確実に情報を記録しておける記録メディアあるいは電子媒体と呼ばれるものに記録したものを言う。CD-ROMやDVD-ROMの他にも、メモリースティック、SDカード、ICカードなどに情報を記録したものが電磁的記録として認められている。

このように、株主総会の招集は原則として取締役が行います

開催日と開催場所

開催日と開催場所 ⇒ 原則として自由に決定できる

▼

株主の出席の機会の確保 ⇒ 次の場合は、招集通知に理由の記載が必要

▼

定時株主総会の開催日

- 前事業年度の定時株主総会の日に応当日と著しく離れた日
- 公開会社の場合、同日に定時株主総会を開催する他の公開会社が著しく多いとき

開催場所

- 過去に開催した株主総会のいずれの場所とも著しく離れた場所
  ただし、次の場合は理由の記載は不要
  - 定款で定められたものである場合
  - 株主総会に出席しない株主全員の同意がある場合

が、場合によっては少数株主からの請求や裁判所からの命令によって行われることもあります。

■ 開催場所について

株主総会を開催する場所については、会社法上特に制限はありません。たとえば、本店（本社）が東京にある会社が大阪で株主総会を開催することもできます。また、株主総会の開催場所をあらかじめ定款で限定しておくこともできます。

とはいえ、いつもは神戸で開催されていたにもかかわらずある時突然何の説明もなく仙台で開催すると言われた場合、株主としても簡単には参加できないでしょう。

このように、その会社が過去に株主総会を開催した場所と著しく異なる場所で開催する場合には、その場所を選んだ理由を招集通知に記載しなければなりません。合理的な理由がない場合には、株主総会で決定した事項が取り消されてしまう可能性

総会議事録への記載

株主総会の日時や場所については株主総会議事録にも記載する（会社法施行規則72条）。

会場の選び方

実際に株主総会の会場を選ぶ際には、株主の人数に見合うスペースを確保できる会場を用意する必要がある。

もあります。ただし、その開催場所が定款で定められているとき、開催場所について株主総会に出席しない株主全員の同意があるときには、招集通知に理由を記載しなくてもかまいません。

■ 招集時期・開催日について

株主総会の開催日は、原則としてその会社の取締役が決めます。取締役会設置会社の場合には取締役会で決めます。

定時株主総会の場合には、多くの会社は基準日との関係上、事業年度の終了後一定の時期（３か月以内）に招集します。他方、臨時株主総会の場合には、特に各事業年度の決算との関連もないので必要に応じて随時開催されます。ただ、定時株主総会でも臨時株主総会でも、株主総会を開催する場合には、株主に出席する機会と準備する時間を与える必要があります。このため、非公開会社で書面投票、電子投票制度を採用していない場合でも、原則として開催予定日の１週間前（公開会社の場合は２週間前）までに招集通知を送付する必要があります。

■ 開催日が集中することもある

前年の開催日の応当日と著しく離れた日や、公開会社において同日に開催する他の公開会社が著しく多い日を定時株主総会の開催日とする場合は、その理由を招集通知に記載しなければなりません。

集中日とは、株主総会の開催日が集中する日のことで、例年多くの会社が６月下旬に株主総会を開催しています。また、集中日の開催を検討している場合には、その理由を問われる場合がありますから、注意する必要があります。会社が開かれた株主総会の開催をめざすためには、より多くの株主に総会に出席してもらい、審議を尽くした上で決議を重ね、無事閉会を迎えるように手続きを進めなければなりません。

そのためには、出席できない株主を減らす工夫も必要です。

開催日の判断

株主総会の開催日を決定する際には、慎重に判断する必要がある。そのようなことがなくても、どうしても集中日に株主総会を開催せざるを得ない状況の場合には、その理由を明らかにしておくことが大切である。

書面投票

株主総会における議決権の行使を書面によって行う方法のこと。

電子投票

インターネットを利用することによって、株主総会の議決権を行使すること。

基準日から株主総会開催までのスケジュール

基準日（通常は事業年度末日）

↓ 3か月以内

- 計算書類の作成
- 計算書類・事業報告書の監査（監査役）
- 計算書類・事業報告書の承認（取締役）
- 招集通知の発送

定時株主総会

実務上、どうしても6月下旬に株主総会の開催日が集中してしまうのはやむを得ないことかもしれません。それでも、事務処理を効率化して事前準備の経験を重ねていくことで、集中日よりも前に株主総会を開催することは十分可能です。集中日以外の日に株主総会を開催することができれば、複数の会社の株主でも総会に出席できる可能性は高くなりますから、なるべく他社とは異なる日に株主総会を開催するようにしましょう。

■ 招集通知と発送時期

株主総会の開催日と場所が決まると、法律で定められた期間内に株主に対して招集通知を出しますが、その招集通知には、以下の事項を記載します。

① 株主総会の日時・場所
② 株主総会の目的である事項
③ 書面により議決権を行使できる場合には、その旨
④ 電子的方法により議決権を行使できる場合には、その旨
⑤ その他法務省令（会社法施行規則）で定められている事項

なお、すべての株主が株主総会の開催に同意した場合には、招集手続きは不要です。

法務省令

各省大臣が定めた法律の実施のために必要な規則等を「省令」と言う。法務省の場合には「法務省令」となる。本文⑤の法務省令とは、数ある法務省令のうち会社法施行規則のことを意味する。具体的には会社法施行規則63条で規定されている。

PART4
2

招集通知の手続き

招集手続き・事前準備・取締役の説明義務

招集通知の際には原則として株主総会参考書類や議決権行使書面を添付する

■ なぜ招集通知を出すのか

株主総会は、会社の基本的な意思を決定するために開催されます。株主は、意思を表示するために代理人を立てたり、書面や電磁的方法によって議決権を行使できる場合もありますが、基本的には株主総会の開催日に直接参加して議決権を行使することになります。会社としては、株主が総会に出席したときや事前に投票を行うときに正しい判断を下せるように適切な情報を開示し、また総会がムダなく効率的に進むように配慮する必要があります。

このように、会社が招集通知を出すのは、株主に出席するために準備する時間を与えて株主総会に問題なく出席できるようにするためです。

電子提供措置
2019年の会社法改正により、定款で定めることによって、株主の個別の承諾を得ることなく、株主総会参考書類、事業報告、計算書類などの書面を株主に送付する代わりに、それらの書面に記載すべき事項をウェブサイトなどを通じて提供することができるようになった。

■ どのような株主が対象なのか

招集通知を出す対象となる株主は、議決権を有する株主です。したがって、完全無議決権株式（議決権のない株式）の株主は、招集通知を出す対象とはなりません。

また、議決権制限株式を持つ株主の場合もその株式が議決権を有しない事項に関しては招集通知の対象とはなりません。自己株式・単元未満株式・相互保有株式の株主も、株主総会において議決権を行使することができないので、招集通知を出す必要はありません。

なお、所在不明株主も招集通知を出す必要はありません。所在不明株主とは、株主名簿などに記載されている住所や通知先

自己株式
株式会社が発行した自らの株式のうち、その会社自身で保有している株式のこと。

単元未満株式
一単元に満たない株式のこと。

相互保有株式
議決権の4分の1以上を保有するなど経営の実質的な支配が可能な会社が保有する株式。たとえば、A社の株式の4分の1以上をB社が保有している場合、A社がB社の株式を取得しても、B社の株主総会で議決権を行使できない。

招集通知を出さなくてもよい株主

株主

- 完全無議決権株式を持つ株主
- 議決権制限株式のうち議決権のない株式を持つ株主
- 自己株式を持つ株主
- 単元未満株式を持つ株主
- 相互保有株式を持つ株主
- 所在不明株主

に通知や催告を出しても、その宛先に継続して５年間到着していない株主のことをいいます。催告とは、ある行為をするように裁判所を通さないで促すことをいい、所在不明株主に対する普通郵便や内容証明郵便の送付がこれにあたります。ただし、所在不明株主に招集通知を出さない場合には、出さないのは通知や催告が５年間相手方に到着していないからであることを説明できるようにしておく必要があります。したがって、所在不明株主宛に５年以上出し続けて戻って来た通知や催告などは証拠としてとっておくとよいでしょう。

■ 通知は書面で行うのが原則

取締役会設置会社の場合には、書面によって招集通知を行う必要があります。

他方、取締役会非設置会社の場合には、招集通知を口頭で行うことも電話で行うことも可能です。ただし、取締役会非設置会社でも、書面投票制度や電子投票制度を採用している会社の場合には、招集通知を書面で行う必要があります。

書面投票制度

株主総会における議決権の行使を書面によって行う方法のこと。

電子投票制度

インターネットを利用することによって、株主総会の議決権を行使すること。

なお、書面での通知発送が義務付けられているケースでも株主の許可を得れば、電子メールなどで送付することができます。

実際には多くの会社では書面で通知を発送しているようですが、法令上は株主総会の招集通知の方法については、前述したように取締役会設置会社とそれ以外の会社とに分けて定められています。

■ 添付書類にはどんなものがあるのか

株主総会の招集通知を送るときには、原則として株主が議決権を行使する際に参考にできるように、株主総会参考書類や議決権行使書面を添付します。

取締役会設置会社の場合には、計算書類と事業報告の添付が必要です。取締役会設置会社でかつ会計監査人設置会社の場合には、監査報告や会計監査報告の添付も必要になる他、連結計算書類（子会社などを含めた計算書類）を作成する場合はそれも添付します。連結計算書類とは、連結貸借対照表、連結損益計算書、連結株主資本等変動計算書、連結注記表のことで、会計監査人が作成します。

計算書類

会社法では、貸借対照表、損益計算書、株主資本等変動計算書、個別注記表のことを計算書類と言う。

取締役会設置会社でかつ会計監査人非設置会社の場合には、監査報告を添付します。

他方、取締役会非設置会社の場合、計算書類や事業報告などの添付は不要です。

■ 手続きを省略できる場合もある

会社は、一定の場合には、株主総会の招集手続きを省略することができます。招集手続きを省略できるのは、議決権を行使できる株主全員の同意があった場合です。具体的には、招集通知を出さずに手続きを省略して株主総会を開催するケースと、株主総会の開催予定日までの招集期間を短縮するケースがあります。期間を短縮する場合には、214ページのような書面によ

添付書類

取締役会設置会社	→ 計算書類や事業報告の添付が必要
会計監査人設置会社	→ 監査報告、会計監査報告の添付も必要 作成する場合は、連結計算書類の添付も必要
会計監査人非設置会社	→ 監査報告の添付も必要
取締役会非設置会社	→ 計算書類や事業報告の添付は不要

る同意書を株主から提出してもらう必要があります。

招集手続きの省略はどんな種類の会社でもできるというわけではありません。省略できる会社は、書面投票制度・電子投票制度を採用していない会社です。

たとえば、株主が一人しかいない会社（一人株主会社）や同族会社（親族で経営している会社）などの場合に全員の同意があれば招集手続きを省略できます。

なお、全株主が株主総会を開くことに同意した上で出席した場合、たとえ招集手続きがなされていなかったとしても、その株主総会は適法に成立します。このようにして成立した株主総会を全員出席総会といいます。一人株主会社の場合では、その一人の株主が出席すれば全員出席総会にあたります。また、出席者の中に委任状によって選任された代理人が含まれる場合も、全員出席総会として認められます。

招集手続き・決議・報告の省略

本文で述べた招集手続きの省略制度の他に、株主全員が特定の議案について書面等により同意した場合は株主総会決議があったものとみなし、決議を省略することができる（会社法319条）。また、株主総会への報告を省略する制度もある（会社法320条）。招集手続き・決議・報告の省略制度のいずれも株主全員の同意が要件である。

PART4
3

招集通知の作成

招集手続き・事前準備・取締役の説明義務

目的事項など、株主が見やすいように種類ごとに分けて書く

■ どのように作成するのか

取締役会設置会社の場合、招集通知には、株主総会の日時・場所、株主総会の目的事項、書面によって議決権を行使できること（導入している会社の場合）、電磁的方法によって議決権を行使できること（導入している会社の場合）の他、株主総会の開催日が前事業年度の開催日の応当日と著しく離れている場合や公開会社において同日に開催する他の公開会社が著しく多い場合の開催日の決定の理由や、株主総会の開催場所が過去のいずれの開催地とも著しく離れている場合の開催場所の決定の理由など、法務省令で定められている事項を記載しなければなりません。以下に、通常の招集通知の様式について説明します。冒頭には、通常の通知文書と同様に、発信日、宛先、通知者、タイトルなどを記載します。そして、株主総会の日時・場所、目的事項など、会社法により招集通知に記載しなければならない事項を記載します。

目的事項は、その性質に応じて株主総会に報告する事項（報告事項）と決議が必要な事項（決議事項）に分けて記載します。このうち決議事項については、「第○号議案」といった形式で議案ごとに番号を振っていき、内容をある程度理解できる程度に簡潔にまとめたタイトルをつけて列挙します。

株主が提案した議案がある場合には、会社提案の議案と株主提案の議案に分けて記載するとわかりやすくなります。

その上で末尾には、議決権の行使に関する注意書きや議決権行使書面や委任状など、株主に持ってきてもらいたいものなど、

取締役会非設置会社の場合
招集通知に記載しなければならない事項は定められていない。

招集通知（宛名）の書き方
実際に宛名を記載する際には、全株主に対して流用できるように「株主各位」といった表現で記載する。

招集権者名
取締役や代表取締役など招集する権限を持つ者の氏名。

電子提供措置

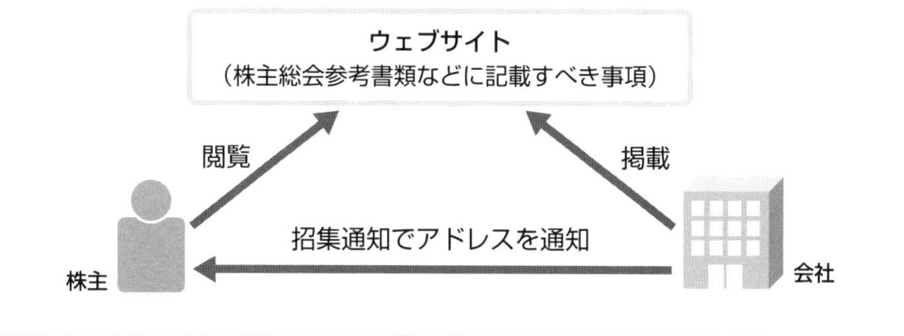

特に注意を喚起したい事項を記載します。

■ 電子提供措置

2019年の会社法改正により、株主総会参考書類などに記載すべき事項は、定款の定めにより、株主の個別の承諾がなくても、インターネット上に開示することで、提供することができます。その場合、招集通知にウェブサイトのアドレスを記載し、株主がウェブサイトを閲覧できるようにする必要があります。

従来から、インターネット上に株主総会参考書類の記載事項の一部を開示するウェブ開示によるみなし提供制度はありましたが、提供できる情報は限定されていました。電子提供措置では、株主総会参考書類、事業報告、計算書類などに記載すべき事項が広く対象となり、株主への書面交付にかかる事務負担やコストを一層軽減することができます。

ただし、インターネットの利用に習熟していない人もいることに配慮し、電子提供措置をとった場合でも、株主から株主総会参考書類などの書面の交付を求められたときは、会社は書面を交付しなければなりません。

株主提案があった場合の通知の記載方法

提案権を有する株主から行使期限内に提案権を行使された場合には、その議案が法令や定款に違反していない限り、招集通知に記載することになる。招集通知に記載するときには、目的事項のところに「株主提案（第○号から第○号まで）」と株主提案をひとまとめにした上で、各議案について「第○号議案××の件」といった形式で記載する。

PART4
4

招集手続き・事前準備・取締役の説明義務

議案・議題の決定

定時株主総会では計算書類などの報告と承認は必ず議案となる

■ 議題と議案はどう違うのか

議題とは、株主総会の目的事項となるものです。たとえば、取締役を選任する必要がある場合に、「取締役選任の件」などと表記します。株主総会の議題としてとりあげるかどうかは、取締役会設置会社では、通常取締役会で決定され、株主総会の招集通知に記載されて株主のもとに届きます。ただ、一定の要件を満たした場合には、株主も自分が株主総会にとりあげるべきだと思った議題を総会でとりあげるように働きかけることもできます（これを議題提案権といいます）。

他方、株主総会における議案とは、株主総会において決議の対象となる目的事項の具体的な内容のことです。たとえば、取締役会において、先ほどの「取締役選任の件」という議題が出され、候補者も決定したとします。これを株主総会の議案とする場合には、「第○号議案 ○○を取締役に選任する件」といった形式で記載します。なお、取締役会などで決定された議案は、決定した日時、決定場所などを記載し、取締役会議事録に記録しておきます。

議案の決定

株主総会で決議される議案は、取締役会設置会社の場合には、原則として取締役会で決定し、取締役会非設置会社の場合には、取締役が決定する。取締役会設置会社では、取締役会で決定したことは取締役会議事録に記載しなければならない。したがって、株主総会の議案を取締役会で決定した場合には、取締役会議事録にその内容が記載される。
他方、取締役会非設置会社の場合には取締役会議事録は作成されないが、取締役の決定書にその内容を記載する。決定した日時、決定に際して参加した取締役、決定した内容などを記載することになる。

■ 株主提案権とは

株主は通常、招集通知でとりあげられた事項について議決権を行使することで、意思表示をします。しかし、株主総会でとりあげるべきだと思う事項が株主総会の議案として提出されていない場合もあるかもしれません。このような場合に株主が何もできないのでは、実質的な会社の所有者である株主の権利が

株主提案権

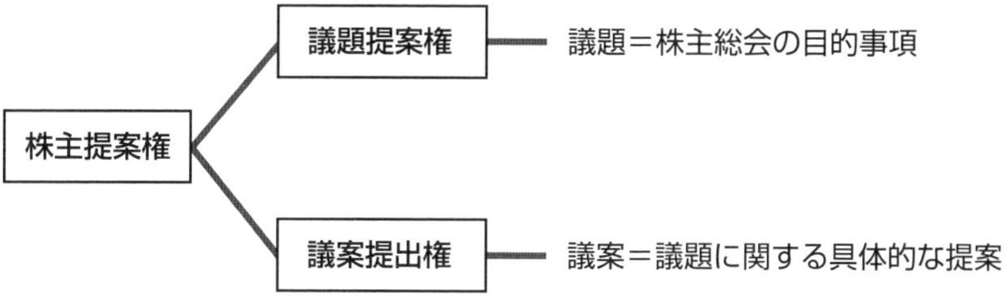

十分に行使されるとはいえません。会社法は、こうした場合に、議題や議案を提出する権利を株主に認めています。これを株主提案権といいます。株主提案権には、新たに議題を提案できる議題提案権と株主総会の目的である事項について、具体的な内容のある議案を提出できる議案提出権があります。

■ 議題提案権について

株主が株主総会の目的事項を新たに提案することを議題提案権といいますが、すべての株主にこの権利を認めてしまうと、濫用される恐れもあります。そこで、会社法は議題提案権を行使できる株主の要件を会社の種類ごとに分けて定めています。

会社が公開会社でかつ取締役会設置会社の場合には、6か月前から継続して株式を保有している株主のうち総株主の議決権の100分の1以上の議決権を持っているか、300個以上の議決権を持っている株主でなければ議題提案権を行使することはできません。ただし、期間や議決権の割合・数の要件は、定款で引き下げることができます。また、議題提案権を有する株主は、株主総会開催日の8週間前までに請求しなければなりません。この期間を定款で短くすることもできます。

他方、会社が非公開会社で、かつ取締役会設置会社の場合、

株主提案権の取扱い

株主が株主提案権を行使した場合には、その行使が適法になされたものであるか、定款に定めがある場合には、定款の定めに従っているかを確認する。
具体的には、その株主が権利を有しているか、行使された権利が法令または定款に違反していないか、期間の要件を満たしているかを確認する。そして、議案提出権の場合には、その議案と同一の議案が過去に提案されていないか、提案されている場合には規定されている割合の賛成を得ているか、得ていない場合にはそれから3年が経過しているか、といった要件を確認する。提案や請求が要件を満たしていない場合には却下する。その際、後のトラブルを避けるために、どのような理由で却下したのかを明確に説明しておく必要がある。

議決権の要件に関しては公開会社の場合と同じ（総株主の議決権の100分の１以上の議決権か300個以上の議決権を有する株主）ですが、６か月という保有期間の要件はありません。また、非公開会社においても期間の制限と保有する議決権の割合や数については、定款で引き下げることができます。議題提案権を行使できる株主は、株主総会開催日の８週間前まで（期間は定款で短縮可能）に請求する必要があります。

なお、取締役会設置会社でない会社には、上記のような要件はありません。

■ 議案提出権について

株主総会の目的である事項について、具体的な内容のある議案を提出できる権利を議案提出権といいます。

株主には、議案提出権が認められていますが、株主が提案しようとしている議案が法令や定款に違反する場合、提案することはできません。また、提案しようとしている議案と実質的に同じ内容の議案が過去に提案されていて総株主の議決権の10分の１以上の賛成を得られていなかった場合には、賛成を得られなかった日から３年経過していなければ、提案できません。

株主は、自分が提出しようとしている議案の内容（議案の要領と言う）を、会社の費用で株主総会が開催される前に、他の株主に通知するように会社に対して請求することができます。これを議案通知請求権といいますが、請求を受けた会社は、議案の要領を招集通知に記載（もしくは記録）し、他の株主にその内容を知らせなければなりません。

議案提出権を有する株主が議案通知請求権を行使する場合、一定の要件を満たした株主でなければ行うことができません。取締役会設置会社の場合には、総株主の議決権の100分の１以上の議決権または300個以上の議決権を保有している少数株主でなければ請求権を行使できません（公開会社の場合は６か月

議案提出権の行使

議案提出権が認められる事項は、議案提出権を行使しようとしている株主が議決権を行使することができる事項に限られている。議決権を行使できないような事項についての議案の提出はできない。

少数株主による議題提案権

会社の種類	要　件
公開会社で取締役会設置会社	総株主の議決権の100分の１以上の議決権、または、300個以上の議決権を６か月前から引き続き有する株主
非公開会社で取締役会設置会社	総株主の議決権の100分の１以上の議決権、または、300個以上の議決権を有する株主
取締役会非設置会社	各株主

株主提案権が提出された場合の注意点

注意点

- 株主が権利を有しているか
- 行使された権利が法令・定款に違反していないか
- 期間要件を満たしているか
- 同じ議案が過去に提案されているかどうか（議案提出権）

以上継続して保有していることが必要）。

他方、取締役会を設置していない会社の場合には、議決権を行使できる株主であれば請求権を行使できます。なお、議案通知請求権を行使する際には、株主総会の日の８週間前（期間は定款で短縮可能）までに行わなければなりません。

なお、2019年の会社法改正により、権利の濫用などの防止のため、一人の株主が同じ株主総会で議案通知請求権を行使できる議案の数は10個までに制限されました。

PART4
5

議案の記載事項

招集通知などの記載内容はインターネット上で修正できるようにしておく

■ どんなことを書くのか

書面投票や電子投票を採用している会社は、招集通知の際には株主総会参考書類を添付するのが原則です（73ページ欄外注釈参照）。この株主総会参考書類には、取締役や取締役会が決定した株主総会の議案も記載されていますから、必然的に招集通知を送付するまでには議案内容を決定しておかなければなりません。ただし、議案が決まっていない場合には、決まっていないことを記載しておくことができます。

招集通知に記載する議案の中でも特に重要なものについては、その要領も記載する必要があります。具体的な記載内容は、議案の種類に応じて会社法施行規則に定められています。

要領を記載しなければならない議案

① 役員など（取締役・会計参与・監査役・執行役・会計監査人）の選任・解任・報酬などを定める場合
② 計算書類の承認
③ 全部取得条項付種類株式の取得
④ 株式の併合
⑤ 合併契約、分割契約、株式交換契約、株式移転計画、事業譲渡の承認
⑥ 株主提案の議案

■ 記載した事項を修正したり変更するには

招集通知に記載した議題や株主総会参考書類に記載した議案に誤りがあった場合、可能な限りすばやくかつ正確に修正する必要があります。特に、議題や議案の記載に誤りがあったり、不足があったりした場合は、そのままにしておくと、総会で決議を行っても後に取り消されて多くの関係者が被害を受けてしまった、という事態が起こる可能性があります（これを総会決議取消事由といいます）。

この場合、総会決議取消事由とならない最も確実で安全な修正方法は、正確な内容を記載した招集通知などを改めて作り直した上でもう一度発送する方法です。

ただ、招集通知を再度送付する方法では、招集通知に関する

記載事項の訂正

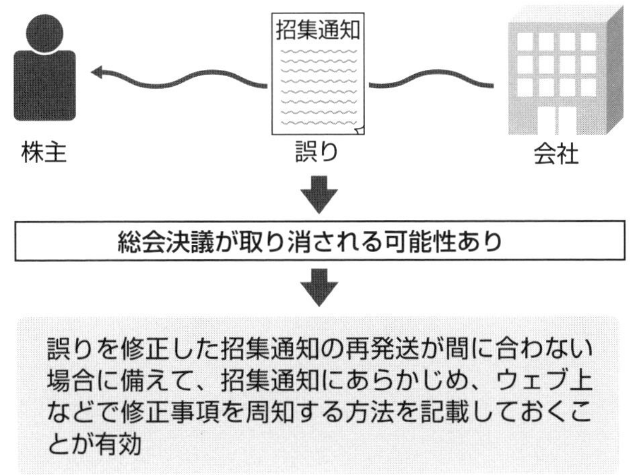

会社法の期間制限に間に合わない可能性があります。

そこで、招集通知にあらかじめ修正が発生した場合の周知の方法を記載しておくことで、ウェブ上などで修正内容を周知することが認められています。招集通知だけでなく株主総会参考書類などの添付資料についても同様の修正が認められています。また、作り直す時間はなくても訂正文を送る時間がある場合には、招集通知とは別に訂正文を送るケースもあります。招集通知を作成したものの発送前に修正する必要性が生じた場合には、招集通知に訂正文を同封して送付することもできます。

なお、軽微な修正であり、既に発送した招集通知にウェブ上などでの修正方法をあらかじめ記載しておらず、他の方法をとる時間的な余裕もない場合には、株主総会当日に訂正文を印刷した用紙を配布するといった対応をとることになります。

ホームページ上での修正

具体的には、株主総会の招集通知の末尾などに、株主総会の招集通知に修正や変更が生じた場合に、ホームページで修正後の内容を開示する旨を記載する。

開催日時や場所の訂正

招集通知の記載事項については、議案や議題だけでなく、株主総会の日時や開催場所の修正変更が必要になる場合もある。株主総会の日時や開催場所も、議案や議題以上に総会の重要事項といえる。そのため、修正変更があった場合には、前述した議案や議題の修正と同じく、会社法の招集通知の期間制限に間に合うように、すばやい対応が必要になる。

PART4
6

事前準備①

事前準備は株主が理解しやすい株主総会にするためにも必要である

■ なぜシナリオを作成するのか

株主総会は株主が議決権を行使する重要な場ですから、報告事項についてはわかりやすく報告し、質問に対しては丁寧に対応し、全体の議事の進行を滞りなく進める必要があります。事前準備を怠ると時間配分のバランスが悪くなり、重要な事項について審議を尽くせなかったり、早々に質疑応答の時間を打ち切らなければならなくなってしまう場合があります。せっかく開かれた株主総会をめざしていても、こうなってしまってはかえって会社のイメージが悪くなってしまいます。

株主総会当日に議事をスムーズに進めるためには、事前に総会当日の議事の進め方を所要時間と共に考えてシナリオとして残しておくとよいでしょう。こうすることで、そのシナリオをペースメーカーとして、当日の議事をバランスよく進行することができます。

■ 必ずリハーサルをする

株主総会を意義あるものにするためには、当日行わなければならない説明や報告を株主にわかりやすく行うことが重要です。そのためには、議事を進める議長や説明・報告を行う取締役など、株主総会の進行上重要な役割を果たす人が、全体の流れを頭に入れた上で、事前に練習しておくことが大切です。

また、株主総会で表立って話をする人だけでなく、株主が来場した際に対応する受付や案内役、資料をスクリーンに映し出す場合に使う機器類や照明、音声の調節を担当する人など、当

どのようなことに注意すればよいのか

会社によって多少の違いはあるが、たいていは、次のような順番で株主総会を進めることになる。

① 挨拶（代表取締役など）・議長就任宣言
② 株主総会開会宣言
③ 出席株主数と議決権個数の発表（委任状の分も含む）と定足数の充足宣言
④ 議事進行方法（議事の進め方やルール）の説明と確認
⑤ 監査役（会）の監査報告
⑥ 事業報告・計算書類（（連結）貸借対照表・（連結）損益計算書）の報告
⑦ 事業報告・計算書類の報告に関する質疑応答（受付から打ち切りまで）
⑧ 事前質問の読み上げと一括回答
⑨ 議案の説明・上程・審議・採決（各議案ごとに進める）
⑩ 閉会宣言

顧問弁護士のチェック内容

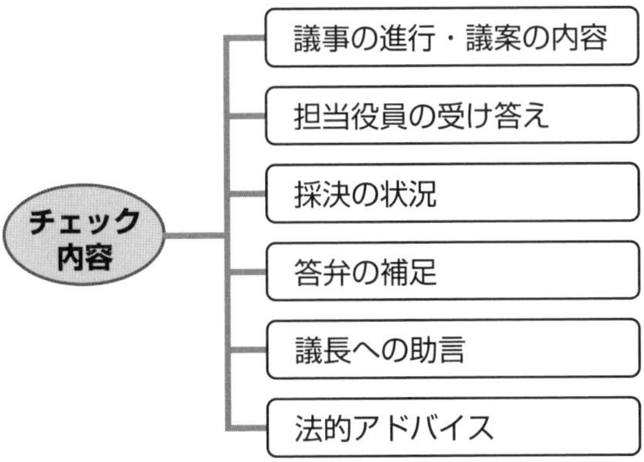

日会場で株主総会に関わる人も、全体の流れと実際の動きを把握しておくことが望まれます。

このように事前にリハーサルをしておくことで、当日問題となりそうなことを事前に洗い出して対策を打つことも可能になります。仮に当日にシナリオとは異なることが起きた場合でも、一度全体の流れを体験していれば、どうすればよいのかを冷静に考え、落ち着いて対応することができます。

なお、リハーサルを行う際には、全体の時間配分に注意した上で、それぞれの役割の特徴をおさえておくとよいでしょう。具体的には、議長の場合であれば議長が有する権限を確認した上で、総会全体の秩序と進行の管理の仕方に注意して行います。議案や報告に関して質問などに答える役員は、自分が負っている責任義務を理解した上で、どこまで対応しなければならないのか、重要な事項は何か、を十分に把握しておく必要があります。

また、議事を進める議長と各議案の説明・受け答えなどを担当する役員との連携もスムーズに行えるようにそれぞれの役割を確認しておきます。受付や案内役あるいは警備担当者は、株主の確認方法や不審者への対処法などを事前に確認しておくようにします。

■ 顧問弁護士にチェックしてもらう

大規模な会社は、たいてい顧問弁護士に依頼して会社の事務局として株主総会に臨席してもらうことが多いようです。顧問弁護士の役割は、株主総会の議事の進行や議案の内容、答弁役員（担当役員）の受け答え、採決の状況など、株主総会全体を法的な観点からチェックして、株主総会の運営と株主による決議が適法に行われるように助言を行うことです。

場合によっては、役員の答弁の際に、不足している内容などを補足する役割も果たします。また、議長が議事進行上判断しなければならないさまざまな状況において、複雑で判断が難しい局面には、議長の判断が適法になされるように顧問弁護士が助言を行う場合もあります。

顧問弁護士にも、事前にリハーサルを行うときには参加してもらうようにして、あらかじめ疑問点や問題点が出てきたときにはそのつど確認しておくと、株主総会当日に堂々と対応することができます。

■ 想定問答を用意しておく

株主総会の事前準備として、シナリオを作成すること、リハーサルを行うこと、顧問弁護士に事前に法的観点からチェックしてもらうこと、担当役員の割り振りを行うことなどを説明してきました。しかし、株主総会を滞りなく進め、より開かれた株主総会とするために一番大切なことは、株主から出される質問に誠実かつ明確に答えることです。

そのためには、あらかじめ質問されることが想像できる事項を洗い出しておき、明確な回答を作成しておくことが必要です。もちろん、専門用語や業界用語を並べ立てたり、ただ美辞麗句

従業員株主の出席には注意する

株主総会に自社の従業員株主を出席させ、議事の進行をよりスムーズに行いたいと考える会社は、現在でも多くある。実際、一般株主より従業員株主を優遇し、早めに会場に入場させて最前列から順に座らせ、一般の株主を従業員株主が入場し終えた後に従業員株主より後ろの席に座らせた会社が、一般株主から訴訟を起こされている。裁判所は、会社は出席する株主の取扱いは、合理的な理由がない限りは同一に取り扱うべきである、と判断している。仮にそうした対応が違法ではないとしても、開かれた株主総会を開催することをめざしている会社が、自社の従業員株主を優遇したととられかねないような行動をとったとすると、マイナスのイメージを与えるだけである。
ただ、株主として会社の株主総会に出席したいと考えている従業員株主の出席を不当に制限するのも妥当な判断とはいえない。このような場合には、従業員株主も一般株主と同じように取り扱って、出席させれば、特に問題はない。

担当役員

本項目では、総会の担当、特に総会で株主から質問が出た場合に答弁を担当する取締役のこと。この場合の担当役員を答弁役員と呼ぶこともある。

答弁役員（担当役員）の役割

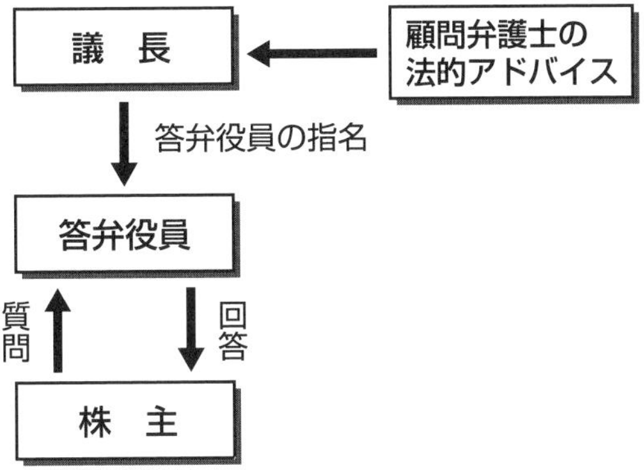

を並べただけで何の答えにもなっていないような回答例を作成しても意味はありません。質問は、疑問点を理解したいから出されるもので、決して議事の進行を遅らせるために行っているわけではありません。総会屋のような株主は別として、通常の株主はその会社の業績について真剣に考えているからこそ質問をしており、そもそも興味がない株主であれば質問などしないでしょう。想定問答を作る際には、このことを肝に銘じて、質問した株主だけでなく出席した株主全体が理解できるようなわかりやすい言葉を使った誠実な回答となるように作成しましょう。

想定問答を作成する際には、あらかじめ各部門に告知して、問題点や質問されそうな内容をリストアップしてもらい、対策案なども出してもらうようにすると実効性のある想定問答を作ることができます。想定問答はリハーサル前には完成させておき、リハーサルでは株主役に質問させ、担当役員が実際に回答してみて、顧問弁護士に法的に問題ないか確認してもらうようにするとよいでしょう。

総会屋
株主として株主総会に出席し、株主総会の妨害などを行い、会社に金品などを要求する者。

PART4
7

招集手続き・事前準備・
取締役の説明義務

事前準備②

適切な回答をしなかった場合には説明義務違反となり総会決議取消の訴えを起こされることがある

■ 役員はどんなことをしておけばよいのか

株主総会の準備段階で役員のすべきことは、担当役員以外は特に具体的なものがあるわけではありません。しかし、一歩引いた位置から全体の進行状況を把握して、当日議事の進行役となる議長がスムーズに職務を行うことができるように支援するといった行動が期待されます。

議案の説明や報告、質疑応答に対応する役員は、自分の担当している議案や報告事項について十分に把握し、想定される質問に対する回答も考えておくようにします。他の役員の担当する分野の情報が必要な場合には、その役員にあらかじめ確認しておくなど、いつでも連携をとれるようにしておくことも大切です。

なお、担当役員であってもそうでなくても、また担当する範囲外の内容に関しても、その会社の役員である以上は、尋ねられたときには即答できる程度にしておくのが望ましいことは言うまでもありません。少なくとも株主総会当日までには全議案・報告事項については一通り目を通しておくべきでしょう。

■ 答弁役員の心得

株主総会において、役員は株主から質問をされた場合には、質問内容について説明する義務を負っています。役員と一言で言っても、それぞれ専門は異なりますし、実際に説明をする際には、役員ごとに説明義務の範囲も異なります。

説明義務については法律で定められていますが、議長として

役員

総会への対応も含め、会社経営に携わる立場にある代表取締役や取締役は役員と呼ばれることがある。もっとも会社法上は、取締役だけでなく、会計参与、監査役も含めて役員として扱われる。

担当役員（答弁役員）

本項目では、総会の担当、特に総会で株主から質問が出た場合に答弁を担当する取締役のこと。

事前準備のまとめ

株主総会を滞りなく進める

↓

シナリオ・想定問答の作成

↓

入念なリハーサル

↓

顧問弁護士によるチェック

一番気をつけなくてはならないのは、法律上説明義務のある質問がなされたときに適切に回答しなかった場合には説明義務違反となり、最悪の場合には総会決議取消の訴えを起こされることがあり得るということです。

したがって、議長は、どういった質問にどの役員がどの程度説明をしなければならないのかを頭に入れておくか、顧問弁護士の助言を得ておいて、当日各質問に対して適切な役員を指名して説明させるように議事を進行していかなければなりません。これはいきなり当日にできることではありませんから、当然、事前に役回りを決めておくことになります。時間的に余裕がある場合には、想定し得るすべての具体的な質問について、それぞれの担当役員を決めて回答案を考えておくのが理想だといえます。

ただ、想定し得る質問をすべて考えたつもりでも、やはり想定外の質問が出される可能性はあります。したがって、質問内容によって範囲を分けてそれぞれの範囲について担当する役員を決めておくのが現実的な対応といえるでしょう。

総会決議取消の訴え

株主総会決議の内容が定款に違反している場合などに、株主らが決議の取消しを求めて起こす訴えのこと（会社法831条）。

事前質問への役員の対応

総会当日、各議案の説明に入る前に事前質問への一括回答を行う会社が多い

■ 事前質問とはどんなことか

取締役などの役員には、株主総会において株主に特定の事項について説明を求められたときは、原則として説明義務があります。株主が株主総会において議決権を行使する際には、役員が会社経営に関する情報について、株主に十分に開示することが重要となるためです。ただし、①議題に関係のない事項の場合、②説明することにより株主の共同の利益を著しく侵害する場合、③説明のための調査が必要な場合、④会社や第三者の権利を侵害する場合、⑤実質的に同じ事項について繰り返し説明を求められた場合、⑥その他正当な理由がある場合には、説明を拒むことができます。株主が株主総会当日よりも相当の期間前に説明を求める特定の事項を会社に通知した場合や、調査が著しく容易である場合は、③説明のための調査が必要であることを理由として説明を拒むことはできません。

相当の期間
この場合は、株主の事前質問の内容に対して会社として検討し、回答を用意できる程度の期間のこと。

事前質問とは、株主が、株主総会当日よりも相当の期間前に、説明を求める特定の事項について会社に通知することをいいます。つまり、株主が事前質問をした場合は、会社は調査が必要であることを理由として説明を拒むことができなくなります。もっとも、事前に通知した特定の事項について、株主が株主総会当日に質問をしなかった場合には、役員が回答する必要はありません。あくまで事前の通知だけでなく当日にその場で質問することが前提となります。このように、事前質問は、役員の説明義務の有無にかかわるものですので、会社としては、内容を吟味し、調査以外の理由で説明を拒むことができる場合を除

取締役の説明義務

原則　説明義務あり

例外
①株主総会の目的である事項に関しない質問
②説明により株主の共同の利益を著しく害するもの
③説明をするために調査が必要なもの　など
→ 説明義務なし

➡ ただし、③については、事前質問があった場合には説明できるように株主総会までに回答を準備しておく必要がある

いて、回答を準備しておくことが必要です。

■ どんな対応をすればよいのか

事前質問があった場合において、株主総会の場で実際に株主から質問がなされた場合には調査が必要である、という理由でその場での回答を拒否することはできなくなり、回答する義務があります。事前質問をした株主が株主総会当日に出席するかどうか、出席しても実際に質問するかどうかは、その時になってみないとわかりません。仮に株主総会の開催時刻の時点で事前質問をした株主が出席していないことがわかったとしても、その株主が総会の途中に会場に到着し、質問をしてくることもあり得ます。したがって、事前に質問が寄せられている場合の対応としては、すべての質問に対して株主総会までの間に回答を準備しておくのが現実的です。

回答を準備しておけば、株主の出席状況や質問の有無を気にすることなく、他の議事進行に集中することができます。株主総会当日は、各議案の説明に入る前に、事前質問に対してまとめて回答しておくとよいでしょう。

事前質問に対する対応

事前質問があったとしても、当日にその事項の質問がなければ回答義務はない。したがって、事前質問をした株主が株主総会で質問するのを待ち、実際に質問がなされた場合のみ、回答することも可能である。

取締役の説明義務①

正当な理由がある場合には説明を拒絶できる

■ 取締役等の説明義務とは

株主が株主総会で議決権を行使する際には、不明な点を質問した上で説明を受けなければ、判断できない場合があります。質問しても説明を受けられなければ、権利を行使する前提となる情報が十分に確保されていないことになります。

そこで、株主には質疑応答の機会が保障されています。株主は質疑応答の機会を保障され、取締役は説明義務を負うということです。したがって取締役は、株主総会当日に株主から一定の事項についての説明を求められた場合には、これに応じなければなりません。

説明義務を負う者

説明義務を負うのは取締役に限られているわけではない。取締役の他に、会計参与、監査役、執行役も説明義務を負う（会社法314条）。そのため、取締役以外の者も含めて「取締役等の説明義務」と言うことがある。

取締役等がこの説明義務を果たさなかった場合には、株主総会の決議が取り消される場合もあります。

■ 説明義務の範囲

取締役等が説明しなければならない事項としては、株主総会でとりあげられる報告事項と決議事項があります。

このうち報告事項とは、会社から株主に対して報告しなければならないとされている事項で、株主総会の目的事項の範囲内のものです。

決議事項とは、株主総会で議案としてとりあげる事項です。最終的には、この決議事項について、株主総会で株主が賛成か反対かの意思表示を示すことになります。

取締役等は、報告事項について説明を求められた場合には、株主に内容を理解してもらえるようにわかりやすく説明する義

説明義務の対象

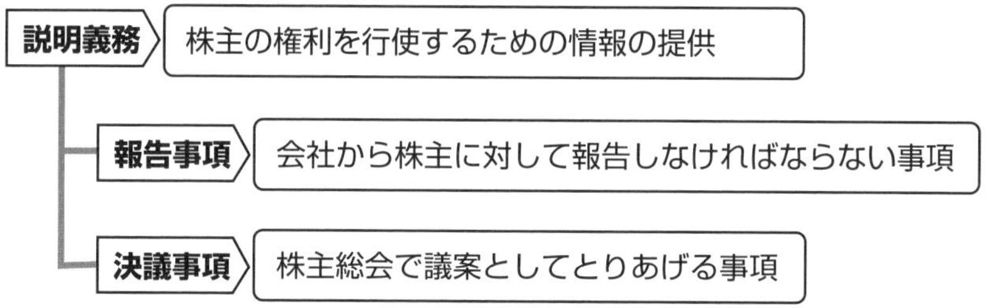

務があります。他方、決議事項についての説明を求められた場合には、株主が議案について賛成するのか反対するのかを決定できるように説明する義務があります。

■ 説明義務の程度

取締役等には報告事項と決議事項についての説明義務があることは前述したとおりですが、実際にはどの程度まで説明をしなければならないのでしょうか。

この点について報告事項に関する質問を株主からされた場合で考えてみましょう。この場合、取締役等の回答によって、株主が質問事項について合理的な理解を得た上で、報告を承認するかどうかを決められれば、質問の目的は達せられたと考えられるでしょう。したがって、報告事項に関する質問について取締役等が説明しなければならないのは、株主が報告事項について合理的に理解するために必要な程度、ということができます。

他方、決議事項に関して株主から質問された場合には、株主が議案に対して賛成するか反対するか、という意思決定を合理的に判断するために必要な程度の説明が求められます。

なお、株主が合理的な理解や判断をするために必要な程度と

報告事項の説明の要否

ただ、何でも説明すればよいというものでもない。説明を拒絶できる場合もあり、拒絶しないと他の株主に不利益が生じるようなケースもあるので、説明義務を果たす際には、どのような対応をすればよいのか、慎重に判断する必要がある。

は、株主や取締役等の主観で判断されるものではありません。判例によると、合理的な平均的株主を基準として考えるもの、とされています。つまり、取締役等に求められる説明の程度とは、合理的な平均的株主が、報告事項や決議事項について合理的理解や判断をするために、客観的に必要だと考えられる程度、ということになります。

取締役等が違法行為を行っていた場合

株主からの質問も鋭さを増してくる。場合によっては取締役を辞任すべき、といった指摘がなされることもある。そのような質問や指摘がなされた場合でも、正面から向き合って誠実に回答する姿勢を貫くことが会社への信頼を高めることにつながる。

■ 報告事項の説明義務の範囲

取締役は株主総会で一定の事項を株主に対して報告しなければなりません。取締役が株主総会で報告する事項（報告事項）は、事業報告の内容と計算書類の内容です。

報告事項について株主が説明を求めた場合に取締役等が説明しなければならない対象は、上記の事業報告と計算書類だけでなく附属明細書も加えられます。附属明細書には事業報告を説明するものと計算書類を説明するものがありますが、いずれも説明対象となります。

計算書類

計算書類は、具体的に貸借対照表・損益計算書・株主資本等変動計算書・個別注記表の総称である。

報告事項の中で、前回とは大きく異なる数字や項目があった場合、目立ちますから、株主から質問されることも多くなります。特に重要な変化などについては附属明細書でも補足している場合が多いのですが、それでも株主から質問されることは多いといえます。取締役等はこうした事項や数字について質問されたときには回答する義務がありますから、大きな変化が事業報告や計算書類に掲載されていることがわかっている場合には、事前に回答を用意するようにしておいたほうがよいでしょう。

■ 附属明細書との関係

附属明細書はもともと事業報告や計算書類に記載されている内容を補足する意味合いを持つものです。重要なものについての補足が記載されているのですが、そこで記載されている内容は、株主に理解してもらうために書かれているものです。実務

報告・決議事項についての取締役の説明の程度

報告事項 →	株主が報告事項について合理的に理解するために必要な程度の説明が求められている
決議事項 →	「株主が議案に対して賛成するか反対するか」という意思決定を合理的に判断するために必要な程度の説明が求められている

上、株主総会において取締役等が報告事項について説明する場合にも、この附属明細書に記載されている程度の内容を説明すれば足りるという考え方もあります。

したがって、ここでは、附属明細書に記載されている内容について、事業報告の附属明細書と計算書類の附属明細書に分けて見ておきましょう。

・事業報告の附属明細書

事業報告の附属明細書には、事業報告の内容を補足する重要な内容を記載します。

非公開会社と公開会社では扱いが異なります。

非公開会社の場合には、特に記載すべき内容は定められていません。公開会社の場合、他の会社の業務執行取締役・執行役・業務を執行する社員などの兼務の状況とその明細も記載します。他の会社の事業が同一の部類であるときは、その旨を付記します。

・計算書類の附属明細書

計算書類を補足する附属明細書には、貸借対照表・損益計算書・株主資本等変動計算書・個別注記表に記載された重要事項を補足する内容を記載します。

取締役の説明義務②

総会の目的事項に関連しない事項については説明を拒絶できる

■ 決議事項の説明義務の範囲

株主総会当日に決議事項について株主から質問された場合、株主が議案に対して賛成するか反対するか、という意思決定を合理的に判断するために必要な程度の説明が求められます。つまり、当日とりあげられる議案のうち株主の決議を要する事項について、株主から質問があった場合には、株主が賛否を決めるのに必要な程度の説明をしなければなりません。

実際にどの程度の説明をしなければならないのか、という点については、よい判断基準となるものがあります。それは、書面によって議決権を行使できる会社が株主総会の招集通知に添付する株主総会参考書類を基準とする方法です。具体的には、株主総会参考書類に記載する内容と同程度の説明をすれば足りる、と考えるものです。

株主総会参考書類の記載内容と同程度の説明

株主総会参考書類は、株主総会の当日に出席できない株主が事前に議決権を行使する際に、議案に賛成するか反対するかを判断するのに必要な内容を記載することになっているため、説明義務の範囲を考える上で、一応の基準にはなりうる。

しかし、このような考え方は一応の基準にすぎません。合理的な平均的株主が議案の賛否に合理的な判断をするために客観的に必要な範囲で、説明を行っているかどうか、検討する必要があります。会社の営業秘密の保持など、開示すべきでない理由が特にない限り、情報開示の充実の観点からは、株主総会参考書類に記載する事項のみにとらわれず、真摯に説明をしていくことが重要です。

■ どんな場合に拒絶できるのか

株主総会当日に株主から報告事項や決議事項について説明を求められた場合、原則として取締役等はこれに応じる必要があ

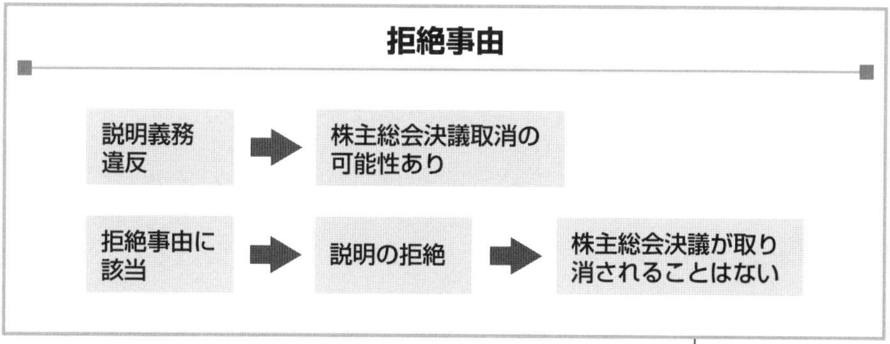

りますが、すべての質問に対して回答することを義務付けられているわけではありません。たとえば、株主総会の目的事項に関連しない内容についての説明を求められた場合には、説明を拒絶できます。また、説明すると株主共同の利益を著しく害してしまう場合も、説明を拒絶することができます。それ以外の場合でも、その場で回答しないことについて、正当な理由がある場合には、説明を拒絶することも可能です。この正当な理由については、法務省令で規定されています。具体的には、その質問に対して回答すると、質問をした株主を除く、その他の者の権利を侵害することとなってしまう場合です。権利を侵害される者には、株式会社自身も含まれます。

また、同じ株主総会内において実質的に同じ事項について繰り返し同じ質問がなされた場合も、説明を拒むことができます。質問された内容に回答するためには調査が必要な場合も、その場で回答することを拒絶することができます。なお、こうした理由以外にも正当な理由と認められる場合には、説明をしなくてもよいとされています。

このように、説明を拒絶できるケースにあてはまる場合には、たとえ取締役等が説明しなかったとしても説明義務違反とはなりませんから、そのことが理由となって株主総会の決議が取り消されることはありません。

法務省令
各省大臣が定めた法律の実施のために必要な規則等を「省令」と言う。法務省の場合には「法務省令」となる。本文で述べた取締役などが説明義務を負わない場合については、会社法施行規則71条で規定されている。

Column

社外取締役の選任手続き

2019年に成立した会社法改正により、一定の上場会社等には社外取締役の選任が義務付けられましたので、今後ますます選任の機会が増えると思われます。外部から取締役を招く場合は、条件交渉などの手続きが増えるため、従業員を取締役に昇格させる場合よりも時間がかかることが多いといえます。具体的には、次の①～②の探索・交渉の過程が追加になり、手続きに要する時間が長くなります。

①　就任の意向の確認

他社から取締役を招く場合は、まず候補者に対して、取締役就任の意向を確認します。取締役を選任する定時株主総会の約半年前ぐらいをメドに打診をしておくのがよいでしょう。約半年前に打診する理由は、待遇面などの交渉にある程度の時間が必要だからです。

②　報酬などの交渉

候補者から就任してもらえそうな回答が得られた場合は、報酬等の条件交渉に入ります。交渉すべき事項は、報酬、任期、役職などです。契約形態は、委任契約になることが多いでしょう。報酬については、固定報酬だけでなく、賞与、退職金慰労金、ストックオプション（66ページ欄外参照）の有無・金額などについても明確にしておきましょう。

③　合意

報酬などの条件交渉がまとまった後に取締役任用契約を結び、書面で契約書を作成します。

④　株主総会での選任、登記手続き

株主総会を開催して、取締役の選任決議を得ます。そして、商業登記（役員変更）の登記を申請します。従業員を取締役に選任する場合と同じです。

PART 5

総会当日の採決・動議・議事進行

PART5
1

総会を行う会場運営

総会当日の採決・動議・議事進行

株主の代理人が来場した場合、対応に注意する

■ 受付について

株主の中には、議決権の行使が認められていない株主もいる場合があります。仮に議決権を行使できない株主を入場させてしまい、議決権を行使されると、その決議は取り消されてしまう可能性があります（取り消される原因のことを決議取消事由といいます）。反対に、議決権を有している株主を株主総会の会場に入場させなかった場合も、決議取消事由となります。このように、来場者が総会で議決権を行使することができる株主であるかどうかを確認する受付は、株主総会を適法に運営する上で重要な役割を担っています。

受付担当者は、来場者が株主の資格を有しているかどうか、という株主資格の確認を行います。株主資格の有無については、それぞれの会社で異なります。会社が株主総会で議決権を行使できる株主について定款に規定を置いている場合には、その規定に従って確認します。たとえば、基準日株主だけが総会において議決権を行使できる会社の場合には、受付で来場者を確認する際には、基準日株主であるかどうかを確認することになります。他方、基準日株主だけでなく基準日以降に株主となった者にも議決権の行使を認める旨を定めている会社の場合には、基準日以降に株主となった来場者の入場も認めることになります。

また、その株主総会における議決権の数を集計するのも受付の重要な役割です。具体的には、来場した株主数、それぞれの株主が有する株式の数を集計し、またあらかじめ議決権行使書面などが届いている場合にはその書面も集計し、最終的な議決

会場等の事前準備

その前提として、まず会場をどの場所で行うか、と言う問題がある。この点について、基本的には会社が自由に場所を決めることができる。したがって、会社としては株主総会の規模に合わせた適切な会場を検討した上で株主が足を運びやすい場所で行うようにすればよい。場所については、株主が出席しにくいような場所で行わないように注意する。なお、前回開催した場所と異なる場所を選ぶ場合にはその理由をあらかじめ伝えておく必要があるケースも存在する。

基準日株主

73ページ参照。

出席者が株主本人かどうかを確認する方法

① 議決権行使書面を持参した株主を株主と扱う場合
→ 議決権行使書面を持参しているかどうかを確認する

② 出席票を持参した株主を株主と扱う場合
→ 出席票を持参しているかどうかを確認する

③ 株主が法人である場合
→ 代理人が委任状や職務代行通知書などを持参しているかどうかを確認する

④ 出席できない株主に代わって代理人が出席する場合
→ 委任状を持参しているかどうかを確認する

権数を集計しておきます。集計が完了すれば、集計結果をまとめた株主総会出席状況票を作成しておくとよいでしょう。株主総会出席状況票には、出席株主数などを記載するようにします。

最終的な議決権数を集計するのは、その株主総会が定足数を満たしているかどうか確認する必要があるからです。当日上程される議案の決議の際にも、総議決権数を把握していることが前提となります。議事進行のスケジュール上も、株主総会開会宣言がなされるとすぐに、出席株主数と議決権個数の発表と定足数の充足宣言を行いますから、集計は正確かつ迅速に行わなければなりません。

株主総会の運営にあたって

運営方法を定めた株主総会議事運営規則などを作成し、株主総会運営のマニュアル化を図っておくとよい。

■ 本人確認の仕方

本人確認は慎重に行わなければなりませんが、議事の進行に影響が出るほどのんびりと行うわけにもいきません。特に株主が多い会社の総会の場合には、開催時間の間際に大勢の株主が来場し、受付の確認作業が遅れて会場が混乱してしまうこともあります。効率よく本人確認を進めるには、適切な人員の適切な場所への配置、本人確認手順のマニュアル化など、事前にできる準備をしっかりと行っておく必要があります。

本人確認の方法は、原則としては事前に株主宛に招集通知を送付したときに告知しておいた方法に従います。たとえば議決権行使書面を持参した人を株主として扱う旨を記載していた場合には、議決権行使書面を確認します。また、出席票を持参した人を株主として対応する旨の記載がある場合には、出席票を確認して、本人確認を行ったものとします。

議決権行使書面

44ページ参照。

なお、前述したように、株主総会に出席できない株主が代理人に出席を依頼する場合があります。この際、会社は代理人の資格を株主に限定していることがあります。そのような場合には、議決権行使書面や出席票で株主であることを確認します。確認にあたっては、株主に株主総会受付整理票に氏名などを記載してもらい、株主総会受付整理票の記載内容が株主名簿の記載内容と合致しているかどうか確かめます。

必要な書類を持たない来場者への対応については、事前に対応手順を確立させておき、受付担当者間で徹底させるようにしましょう。特に複数の担当者が確認を行う場合には、担当者によって基準が異なるという事態が生じないように注意する必要があります。

■ 会場の警備や設置

滞りなく株主総会を進めるためには、ムダを省いた効率的な事務処理方法を確立しておく必要があります。会場の整備や設備や人員の配置など、事前準備も重要です。

大規模な株主総会となることが予想される場合

株主から議長や答弁役員の顔がよく見えるように、ひな壇式の会場にするとよい。

会場の準備を行うときには、当日使用する機器類の配置場所に注意します。また、故障がないか、仮に故障した場合に使用できる予備の機器があるか、といった点に気を配ります。こうした機器類については状態と配置場所、使用タイミング、使用者や担当者、予備の機器の有無と配置場所などをリストアップ

株主総会の会場

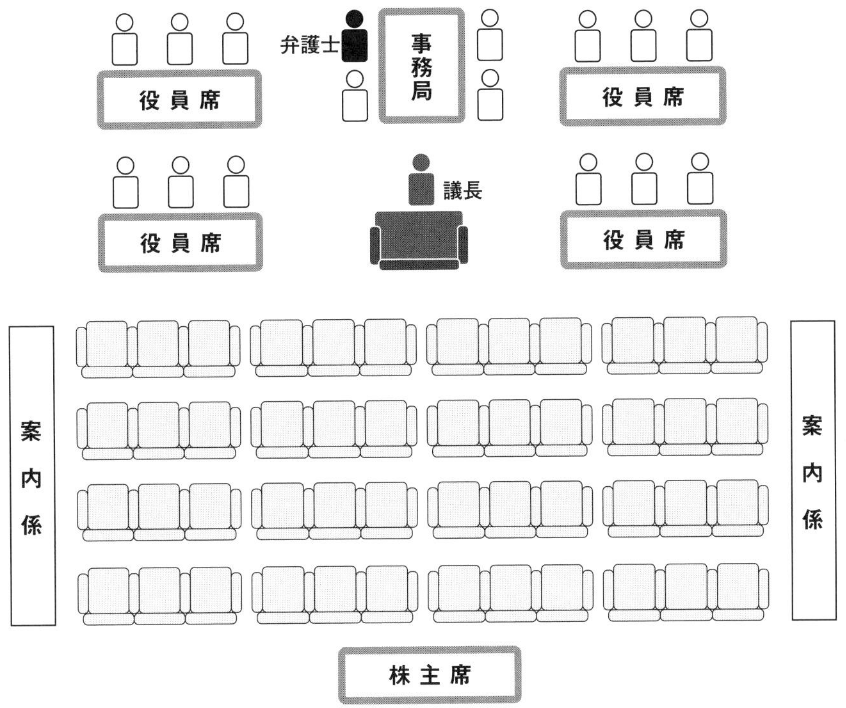

し、配置図と対応させておくと確認しやすいでしょう。

また、当日会場で運営に関わる人員についても、株主総会を滞りなく進めるために必要な人数と配置を考え、配置図を作成して確認しておきます。株主席と議長席・役員席・答弁席の配置にも注意する必要があります。議長・役員の席を一段高い位置に配置することで、株主からより見やすくすることが必要な場合もあります。

事務局の配置

議長・役員席の後ろには事務局を置き、株主総会の運営を裏から支援できる体制を作るようにしたい。事務局は、受付ともスムーズに連携できるようにしておくと、何かと便利である。

閲覧請求への対応

株主や債権者には株主総会議事録などの閲覧請求権がある

■ 株主総会議事録の閲覧請求権

会社の株主や債権者は、株主総会議事録の閲覧・謄写を請求できます。会社はあらかじめ閲覧請求書を作成して、閲覧時に株主などに記載してもらうとよいでしょう。

株主総会議事録の閲覧・謄写を請求された場合、会社は請求者が株主や債権者であることを確認した上で、請求に応じる必要があります。会社は作成した株主総会議事録の原本を株主総会の日から10年間、その会社の本店に備え置くことが義務付けられています。また、株主総会議事録の謄本（原本の写し）を株主総会の日から５年間、会社の支店に備え置かなければなりません。謄本の形式については、法令上の定めがないので、原本と同一の内容さえ記録されていれば謄本と認められます。

なお、法律で定められた備置期間中に株主や債権者が株主総会議事録や定款の閲覧・謄写を請求した場合、会社は営業時間内であればいつでも請求に応じなければなりません。

■ その他の主な閲覧請求権

その他にも株主などが閲覧などを請求できるものがあります。

・定款

株主や債権者は、営業時間内はいつでも、定款の閲覧、謄本・抄本の交付を請求することができます。

・株主名簿

株主や債権者は、営業時間内はいつでも、株主名簿の閲覧、謄写を請求することができます。閲覧などの請求は、理由を明

謄本の記載

たいていの会社は謄本が原本と同じ内容であることを示すために、最終ページに原本と相違ない旨を記載している。定款については、会社が存続する限り、会社の本店と支店に備え置かなければならない。

親会社の社員からの請求

会社の親会社の社員が権利を行使するために必要で、かつ裁判所の許可を得た上で株主総会議事録や定款の閲覧・謄写請求をしてきた場合にも、請求に応じなければならない。

支店に謄本を備え置かなくてもよい場合

パソコンを利用して株主総会議事録・定款を作成しており、他の支店でもその作成した議事録・定款をデータ上閲覧できるしくみが整っている場合には、支店に謄本を備え置かなくてもよい。

主な閲覧請求権

閲覧対象	主な請求権者	閲覧主な方法対象
株主総会議事録	株主・債権者	閲覧、謄写
定款	株主・債権者	閲覧、謄本・抄本の交付
株主名簿	株主・債権者	閲覧、謄写
会計帳簿	議決権の 100 分の３以上の株式を有する株主	閲覧、謄本・抄本の交付
計算書類等	株主・債権者	閲覧、謄写
取締役会議事録	株主・債権者 （債権者は裁判所の許可が必要）	閲覧、謄写

らかにしなければなりません。また、業務妨害の目的で請求するなど、一定の場合には閲覧などを拒否することができます。

・会計帳簿

議決権の100分の３以上の株式を有する株主は、営業時間内はいつでも、会計帳簿の閲覧、謄写を請求することができます。閲覧などの請求は、理由を明らかにしなければなりません。また、業務妨害の目的で請求するなど、一定の場合には閲覧などを拒否することができます。

・計算書類など

株主や債権者は、営業時間内はいつでも、計算書類、臨時計算書類、事業報告、これらの附属明細書、監査報告、会計監査報告書の閲覧、謄本・抄本の交付を請求することができます。

・取締役会議事録

株主は、権利を行使するため必要があるときは、営業時間内はいつでも、取締役会議事録の閲覧、謄写を請求できます。債権者は、役員や執行役の責任を追及するため必要があるときは、裁判所の許可を得て、同様の請求をすることができます。

計算書類等が電磁的記録で保存されている場合

計算書類や事業報告をパソコンなどで作成している会社の本店において、営業時間内に下記①～③の請求を株主や債権者から受けた場合には、その請求に応じなければならない。なお、会社の親会社の社員が権利を行使するために必要で、かつ裁判所の許可を得た上で計算書類や事業報告の閲覧・謄写請求をしてきた場合にも、請求に応じなければならない。

① 画面に表示された計算書類や事業報告の閲覧請求
② 会社が定めた提供方法による提供を受ける請求
③ 電磁的方法（電子メールなど）によって記載された書面の交付の請求

PART5
3

議長の役割

総会当日の採決・動議・議事進行

議事整理権を適切に行使し、説明義務違反とならないように気をつける

■ 何のために議長が必要なのか

株主総会の議事の進行は議長が行います。誰が議長となるかは、定款に定められている場合にはその定めに従って決めます。もし定款に規定がない場合には、その株主総会の場で議長を選任することになっています。実務上は、定款に議長を定めておくのが一般的です。また、たいていの会社ではその会社の代表取締役が議長となります。

ルールを定めた書面を配布しておくのもよい

総会に出席する株主に対しては、あらかじめ総会での発言や質問方法のルールを定めた書面を配布しておくと、総会がスムーズに進行できる。

議長は、株主総会の議事を整理・進行し、秩序を維持する役割を担っています。また、会社が株主に対して負っている説明義務を履行するのも議長の役割です。また、報告事項や議案に関連した発言がなされる場合にその発言者を指名したり、株主からの質問に回答する担当役員の指名を行うなど、実際に議事が進行していく中で誰が発言をするのか、という重要な問題についての適切な交通整理役を果たします。株主からの質疑応答についても、十分な審議が尽くされた頃合いを見計らって打ち切り、採決へと進行させる役割も果たします。

■ 議長の権限はどのようなものか

退場命令権

再三にわたる説得や警告にもかかわらず議事の進行を妨害し続ける株主に対して議長が行使することができる強力な権限といえる。

議長には、株主総会の議事を円滑に進めて秩序を維持する役割を果たすために必要な権限が与えられています。議長の権限として会社法が定めているものに、議事整理権、秩序維持権、退場命令権があります。

議事整理権とは、議事を円滑かつ適正に進める権限をいいます。議長はこの権限に基づいて、たとえば、同じ質問を繰り返

議事を進めるための議長の権限

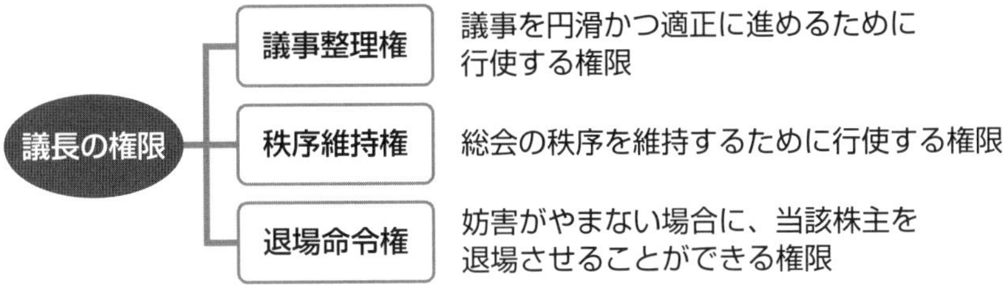

す株主に対しては質問を簡潔にまとめるように促したり、一人でいくつもの質問をし続ける株主に対しては質問の区切りを定めます。また、質問者以外の者が発言をして、質問者が黙ってしまった場合には、質問者の発言を促すと共に、他の者に対しては発言を控えるように指示をします。

議長はこうした議事整理権を行使して、議事を適切に進行させますが、中には議事の進行を妨害する株主がいるかもしれません。たとえば、株主や取締役が発言している最中に野次を飛ばしたり大声で怒鳴ったり、大きな音を鳴らすといった行動をとる株主に対しては、議長はやめるように説得したり警告を発する権限を持ちます。議事の進行を妨げるために長々と質問を繰り返す株主に対しては、以降の発言を禁止する措置をとることもできます。議長がこのような措置をとれる根拠となる権限が、秩序維持権です。この秩序維持権を行使しても妨害がやまない場合、議長は退場命令権を行使して、問題の株主を退場させることもできます。

このように、議長には株主総会を円滑に運営するために強力な権限が与えられています。もっとも、この権限を不適切な方法で行使してしまうと、決議が取り消されてしまう可能性があるため、その点には注意しなければなりません。

議長の権限行使上の注意

議事整理権、秩序維持権、退場命令権のいずれの権限を用いる場合にも、株主間に不公平が生じないように、また株主の有する権利を不当に侵害しないように細心の注意を払う必要がある。

議事の進行①

議案の上程、審議、採決には一括上程方式と個別上程方式がある

■ 議事進行の実際

株主総会の議事については、会社法などで進行方法を規定しているわけではありません。したがって、議長が適切な方法で進行すれば特に問題が生じることもありません。

株主総会の招集通知に議事進行の大まかなスケジュールを記載しますから、原則としてそのスケジュールに従って議事を進めることになります。ただし、議事の進行について招集通知に記載した順番とは異なる順番で進めたほうが合理的な場合には、議長は自分の裁量で順番を変更して進めることも可能です。たいていの会社では、まず報告事項の報告を行い、質問を受け付けた後に頃合いを見計らって事前質問に対する回答へと進んだ後、決議事項に関する議案の説明・上程・審議・採決という流れになります。代表取締役が議長となる会社が多いことから、この報告事項の報告については、議長が行うケースが多いようです。報告の際には、株主が理解しやすいようにはっきりとわかりやすく報告する配慮が必要でしょう。

また、報告事項の説明中に出席株主からの質問などがなされる場合もありますが、とにかく最後まで報告するようにして、報告を終えてから質問を受け付けるようにします。報告の途中で遮られることのないように、報告を始める前に、報告後に質問を受け付ける旨を伝えておくとよいでしょう。それでも途中で報告を遮られてしまって他の株主の集中力も削がれるような状況となってしまった場合には、一度報告をやめて、議長として毅然とした態度で、後ほど質問を受け付ける旨を伝え、発言

議題と議案

株主総会における会議の目的のことを議題と言う。この議題についての具体的な提案のことを議案と言う。たとえば、会社の本店をA県B市に移転するために定款を変更する必要が生じた場合、総会での議題は「定款変更」となる。それについての議案は「本店に関する定款○条をA県B市に本店を置くためのものに変える」というものになる。

株主総会運営の関与者

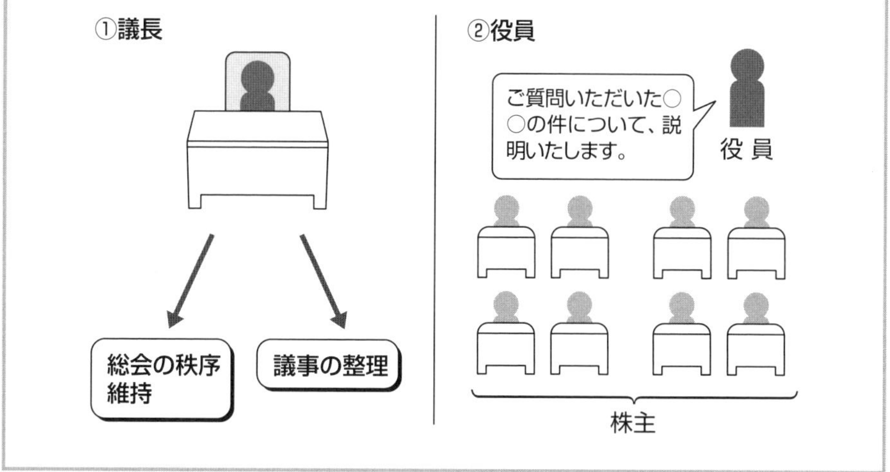

を控えるように注意することも重要です。

なお、株主からの質問を受ける際には、できる限り多くの株主が発言できるようにする必要があります。発言の機会をめぐって、株主間に不公平が生じるようなことのないように、注意してください。特に会場が広い場合や複数の会場で行っている場合には、目前にいる株主のことだけでなく、後方にいる株主やモニターの先にいる株主にも公平に質問の機会を与えるように配慮する必要があります。

■ 議案の上程と審議のやり方

報告事項と事前質問への回答が終わると、議案の上程・審議・採決を行うことになります。この議案の上程や審議・採決の方法については、特に法令上の定めがあるわけではありませんから、会社ごとにやりやすい方法で行うようにしましょう。ただ、会社がやりやすいようにとは言っても、株主にとってわかりにくい方法は好ましくありません。

議案の上程・審議・採決については、一括上程方式と個別上程方式に分類することができます。

一括上程方式とは、当日とりあげるすべての議案を一括して読み上げた上で、すべての議案を対象として審議を行い、最終的に行う採決も一括してすべての議案について行う、というものです。

他方、個別上程方式の場合には、一つひとつの議案を逐一とりあげ、説明・上程・審議・採決というプロセスを経て、次の議案にとりかかる、という方法です。

株主にとって丁寧でわかりやすいのは個別上程方式ですが、議長にとっては大変な方法です。個別上程方式の場合には各議案についていちいち説明・上程・審議・採決という手続きを行わなければならないからです。同じプロセスを何度も繰り返す作業は、時間と手間がかかります。

また、議長はどの議案にどの程度時間がかかるのか、時間配分に注意しながら進めていかなければなりません。しかし、議案ごとに質問の機会があると、予想外に時間がかかる可能性があります。

他方、一括上程方式の場合には、すべての議案を対象として審議を進める関係で、議長としては議事の進行をコントロールしやすいといえます。ただし、株主にとっては、現在審議をしているのはどの議案についてなのかわかりにくい、採決を行うときには、最初の頃に審議されていた議案の内容を思い出せない、といった事態となる可能性があり、不親切な印象を与えかねません。

議案の上程と審議の方法については、以上のようなメリットとデメリットをよく吟味した上で、会社にあった方法をとるようにしましょう。そしていずれの方式をとったとしても、デメリットをカバーできるように工夫して、株主・会社双方に負担の少ない方法となるようにするべきです。

上程方式と説明義務

一括上程方式と個別上程方式のどちらをとるにしても説明義務違反にならないように気をつけなければならない。説明義務違反があった場合、総会決議取消の訴えを提起される可能性もある。特に、個別上程方式の場合、時間配分の問題が生じやすいため、注意する必要がある。

株主総会の議事の進行

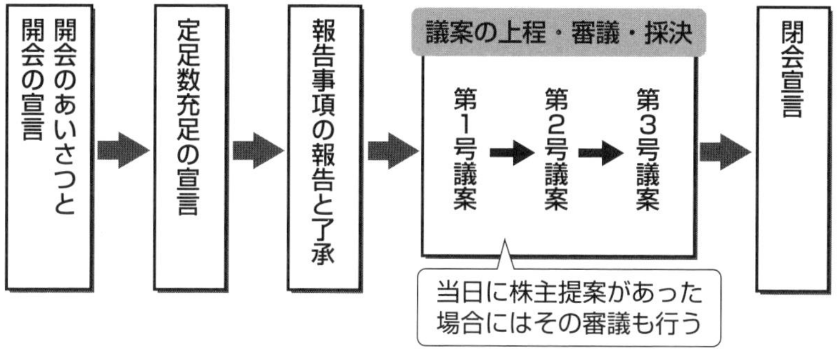

■ 株主提案権の行使があった場合の議事の進行

株主による議案提出権の行使が事前になされ、招集通知にも議案を記載している場合には、その他の議案と同様に進めてかまいません。株主提案の議案が会社提案の議案に対する修正案であったり反対案である場合には、株主がどちらの議案に賛成するかを判断しやすいように両方の議案を同時に扱う方法をとるとよいでしょう。

また、株主総会当日に議案提出権の行使があった場合には、その場で審議・採決を行うことになります。

なお、提案された議案と実質的に同じ内容の議案が過去に提案されていて、その時に総株主の議決権の10分の１以上の賛成を得られていなかった場合、その日から３年経過していなければ再び同様の議案を提案することはできません。したがって、株主が議案提出権を行使して採決に至ったものの、10分の１以上の賛成を得られなかった場合には、３年後までは同じ議案が提案されても受け付ける必要がなくなります。したがって、株主が提案した議案とそれに対して賛成した議決権の数は、後に確認できるようにしておくとよいでしょう。

株主提案権

株主総会において株主が一定の事項を提案する権利のこと。株主提案権には①議題の目的を請求する議題提案権（議題追加権）、②議案を提出することができる議案提出権、③株主が提出する議案の要領を招集通知などに記載して通知することを求める議案の要領の通知請求権がある（会社法303～305条）。

議案提出権

株主総会において議題につき議案を提出することができる権利のこと。

議事の進行②

議長は必要に応じて質問や審議を打ち切ることができる

■ 議案の撤回について

会社が提案した議案について撤回する場合は、事前に撤回について取締役会の決議（取締役会非設置会社の場合には取締役の過半数の一致）を経ていることが前提となります。また、議題や議案は、株主総会の招集通知や株主総会参考書類の記載事項になりますので、招集通知などを発送した後に議案を撤回する場合には、招集通知などを再発送しなければなりません。しかし、会社法の招集通知の発送の期間制限に従って、こうした手続きを踏んでいる時間的な余裕がない場合も多いといえます。そこで、実務的には、株主総会当日に議長が議案の撤回の動議を提出するという方法で対応することもあります。株主に異論がなければ特に問題にはならず、また、議案を撤回するのであれば、株主総会決議取消訴訟は起こらないので、このような実務的取扱いがなされているという事情もあります。

このように、会社提案の議案の撤回の動議については、事前に取締役会（取締役）の決議（過半数の一致）を経た上で、株主総会当日に議長が出席株主に提出し、議場に諮ります。その結果、出席株主による承認を得ることができればその議案を撤回するという取扱いがなされています。

■ 質問や審議の打ち切りについて

取締役や監査役などには株主の求めに応じた説明義務があります。ただ、議事において、同じような質問が繰り返されていたり、説明する義務のない内容についての質問が繰り返されて

株主が提案した議案について撤回の動議を提出する場合

その議案を提案した株主から、株主総会が開催される当日までに、撤回の申出があった場合に行う。株主提案の議案を撤回する場合は、出席株主の過半数の賛成を得る必要がある。

打ち切り

途中でその質問や審議を打ち切って採決に移ること。後に不満が残らないようにタイミングの見極めは慎重に行うべきである。具体的なタイミングとしては、質問の内容が議題を判断するにあたって不要なものであると判断できたタイミングで理由を説明した上で行うとよい。また、一人が長時間にわたって質問し続けているような場合で、これ以上合理的な判断に必要な質問がなされる可能性がないと判断できた場合にも、打ち切って問題ない。

提出議案についての撤回の動議

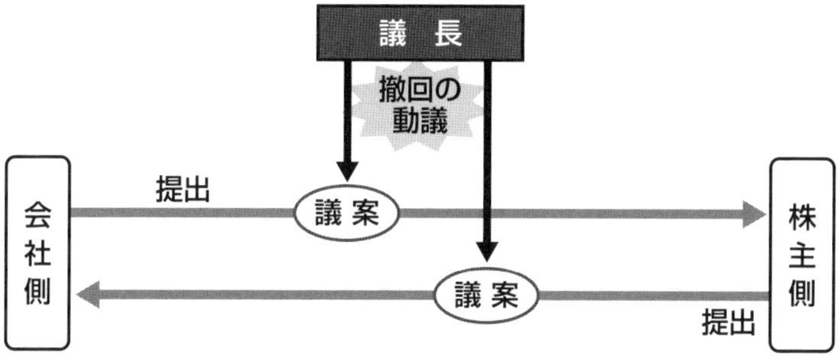

いるような場合には、議長は質疑応答の打ち切りを検討します。また、審議についても、意見が出尽くしており、それ以上審議を続けても何の進展も望めないような場合には、審議を打ち切って採決に移る必要があります。

質疑応答や審議の打ち切りは、議長が行います。議長には議事整理権がありますから、その権利の行使として認められています。ただ、審議を尽くしていない場合や、まだ質問されていない内容が多く残っている状態で打ち切りを強行してしまうと説明義務違反となってしまいます。

質問や審議を打ち切るべき頃合いとなったと判断した時には、議長は質疑の打ち切りの動議を提出し、議場に諮るようにします。出席株主も審議が尽くされたと考えている場合には、動議は承認されるでしょう。

承認された場合、株主の納得も得られたものといえますから、後に説明義務違反を問われるリスクは低いでしょう。

打ち切りが承認されない場合

打ち切りの動議が承認されないということは、多数の株主がまだ審議が尽くされていないと感じているということである。そのような状況で質疑を打ち切って採決を行うと、無理矢理打ち切って採決を強行したととられかねないため、もう少し質疑応答を続けたほうがよい。

打ち切りが説明義務違反となるかどうか

取締役などが質問・審議の場において、株主が採決に際して賛否のいずれに投じるべきかの判断ができる程度の説明を行ったかどうかによって決まる。一般的な株主であれば理解することができる程度の説明がなされていれば、打ち切ることができる。基準となるのは一般的な株主であって、質問している特定の株主ではない。

動議①

動議か意見かの判断を事務局が行うことで議長の負担は軽減できる

■ 動議の種類

議案の撤回の動議
132ページ参照。

動議とは、一般的には予定していた議案以外の事項を議事とするために発議することをいいますが、議案の撤回の動議のように、すでに株主総会の議案として提出されていた議案を「撤回することの提案」といった意味で使われる場合もあります。株主総会における動議全般にいえることですが、株主と議長は、どちらも動議を提出することができます。

株主総会でなされる動議には、議案の内容に関わる動議と議事進行の手続きに関する動議があります。議案の内容に関わる動議を修正動議といいます。修正動議は、株主総会の目的事項について株主総会の決議を求める意見表示を行うことを言い、実質的動議と呼ばれることもあります。他方、議事進行の手続きに関する動議は、株主総会の議事進行について株主総会の決議を求める意思表示を行う場合で、手続的動議と呼ばれています。

修正動議の根拠
修正動議は会社法304条に規定されている総会での議案提出権に基づいて行使される発議である。

■ 提出のタイミングは

株主から提出される動議は、その内容やタイミングを予告されているわけではないため、いつどんな内容の発言がなされるかわからず、なされた発言が動議にあたるのかどうかをそのつど判断しなければなりません。この判断は、議長にとっては非常に対応が難しいものです。そこで、議長がスムーズに議事を進行できるようにするために、動議を提出できるタイミングをあらかじめ株主に説明しておき、それより前の発言を禁止しておく、といった工夫をすることが大切です。実際、議長は議事

動議にあたるかどうかの判断

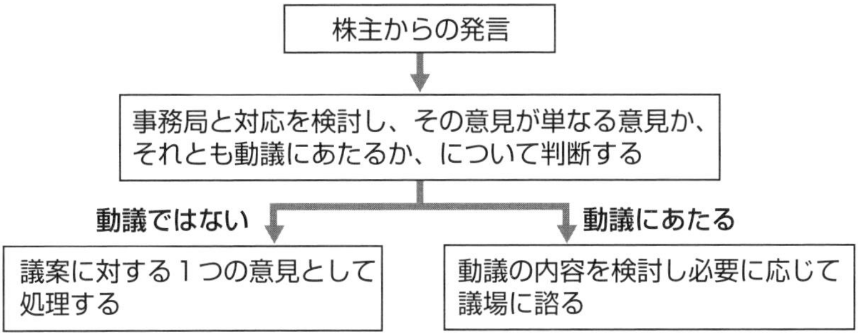

整理権を有しています。判例も、議長がこの議事整理権に基づいて、株主が動議を提出できる時期を決定することを認めています。

実務上、多くの会社が手続的動議と実質的動議を提出できるタイミングを別々に定めています。手続的動議の提出時期に関しては、「事業報告などの報告事項を報告し終えた後」などと定めます。他方、実質的動議の提出時期に関しては、それが議案についての修正動議である場合にはその対象となる議案（原案といいます）が提案された後に認めているようです。

■ 議長の対応の仕方

議長には議事整理権がありますから、株主から動議が提出されたかどうかを常に判断し、適切に議事を進めていくことが求められます。ただし、株主総会の議事進行役を務めながら、株主から表明される意思について、それが動議であるかどうかを確認する作業を随時並行して行うのは大変です。

動議の提出は、議長が明確に認識できる方法で行わなければなりませんが、株主の意見が動議であるかどうかを見極める作業を議長一人が行うのは負担が重すぎて現実的な方法とはいえません。

そこで、株主の意思表示が動議にあたるかどうかの判断については、基本的に事務局が行うようにするとよいでしょう。通常、事務局は議長の支援を行うために議長の後ろに控えています。この事務局の場所からは株主の様子がよくわかりますから、事務局に詰めている者は、株主が動議を提出したかどうか認識しやすいといえます。したがって、事務局の方で株主が動議を提出したことを認識した場合には、速やかに議長に伝えるようにしておけば、議長の負担を軽減することができます。

このように、総会では、事務局と議長が常に連携をとることで、株主の意思を適切に取り扱うことができます。具体的には、株主の発言内容から、それが動議に該当すると判断した場合には動議が提出されたものとして取り扱い、単なる意見であると判断した場合には、議案についての株主の意見として取り扱い、審議を続けることになります。

万が一議場に諮らなければならない動議を単なる意見として取り扱ってしまった場合には、後に訴訟を起こされて決議が取り消されてしまう可能性もあります。

動議かどうかが不明な場合は、最終的には発言者に確認することになります。

動議かどうかの判断に迷った場合

株主の意思表示が単なる意見か動議であるかを見極めるのは慣れていないと難しい。したがって、動議かどうかの判断に迷った場合には、発言者に確認するのも有効である。場合によっては、念のため議場に諮らなければならない動議として取り扱うようにしておくと安心である。

■ 手続的動議とは

手続的動議は、議事の進行や株主総会の運営に関する動議です。手続的動議には、必ず議場で諮らなければならない動議とされているもの（必要的動議）と、議場で諮ることが義務付けられているわけではなく、議長の裁量で議場に諮るかどうかを判断できる動議（裁量的動議）とされているものがあります。必要的動議には、株主総会の延期や続行に関する動議、株主総会に提出された資料等に関する調査人選任の動議、会計監査人

裁量的動議

以下のようなものがある。

- 休憩に関する動議
- 議案の審理の順番を変更するための動議
- 取締役選任の場合などに提出される個別採決を求める動議
- 質疑打ち切りに関する動議
- 採決方法に関する動議
- 質疑応答の時間を制限する内容の動議
- 質疑応答の時間を延長する内容の動議

株主総会で問題となる動議の種類

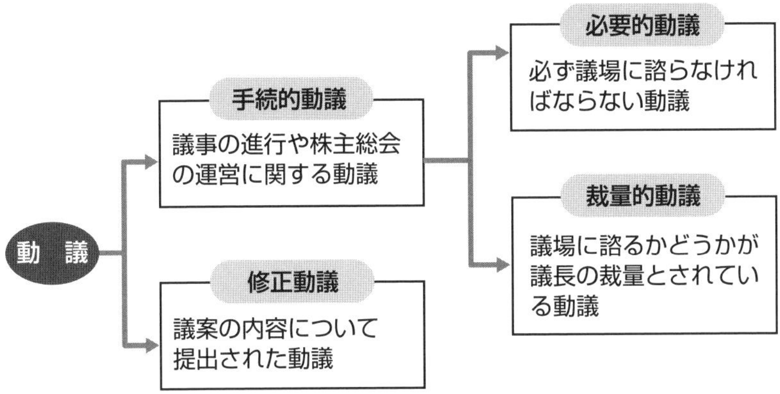

出席要求の動議などがあります。

なお、議長の不信任の動議が提出された場合、会社法上議場で諮らなければならない旨が定められているわけではありませんが、その性質上、議場に諮る必要があると考えられています。これは、動議の対象である議長が、自身の裁量で議場に諮るべきか諮らずに済ませるかの判断を下すわけにはいかないからです。

以上のように、手続的動議については、議場に諮る必要のある動議が具体的に会社法上で定められているため、議場に諮るべきか否かの判断については実質的動議と比べると判断しやすいといえます。

ただ、議長の負担はなるべく減らしたほうがよいのは間違いありませんから、手続的動議についても、議場に諮るべきか否かの判断について事務局のサポートは重要です。あるいは、議場に諮る必要がないと思われる動議についても一律に議場に諮るようにしてしまうのも、後に株主総会決議取消の訴えを提起されるのを回避するという意味で安心できる方法のひとつといえます。

動議②

修正動議にあたるのかどうかの判断が重要

■ 修正動議とは

議案について提出された動議を修正動議といいますが、株主から会社の提案する議案に対してこの修正動議が提出された場合には、議場に諮る必要があります。議場に諮った後は、修正動議の内容について審議した上で、最終的には採決することになります。

修正動議の内容は、すでに提出されている議案である原案を前提として、これを修正したものが提案されますが、実務上、この修正の程度が問題になることがあります。

公開会社や書面投票制・電子投票制を採用している会社の場合には、招集通知に議決権行使書面が同封されています。招集通知を受け取った株主は、招集通知に記載されている議題や議案を見て、株主総会当日の議題や議案を把握し、自分の意思表示を議決権行使書面で示すことによって議決権を行使します。

この場合、仮にこの招集通知に記載されている議題や議案からは予見できない内容の動議が株主総会の当日に他の株主から提出され、議場に諮られた後に採決されるとなると、書面で議決権行使した株主からすれば想定外の事態ということになります。「その修正動議が出されることがわかっていたら、株主総会に参加して詳しい内容を聞いた上で元の議案とどちらがよいか判断したのに」と思う可能性もあります。このように、招集通知に記載されている議案の範囲を超えた動議を修正動議として扱って採決してしまうと、出席していない株主に害を与えることになるため、招集通知に記載されている議案の範囲を超え

修正動議の具体例

たとえば、役員報酬議案について、減額提案は修正動議として許されるが、増額提案は許されないと一般的には考えられている。また、定款変更議案について、一部の条項を変更しない提案は修正動議として許されるが、変更する条項を追加する提案は許されないと考えられている。

公開会社

すべての株式について譲渡制限がない（会社の承認なしに株式を譲渡できること）か、または一部の株式についてだけ譲渡制限がある株式会社を公開会社と言う。

修正動議の取扱い

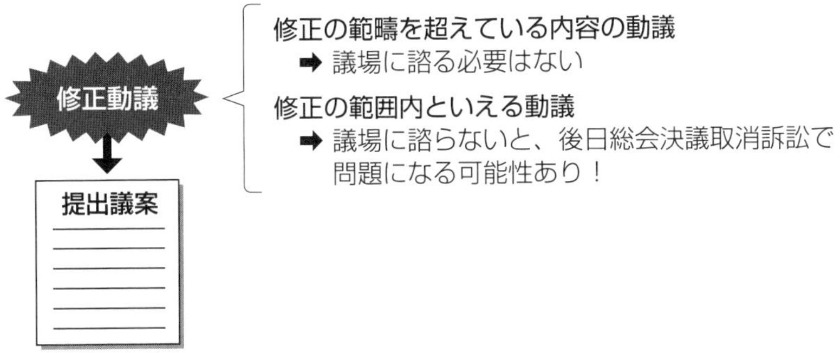

た動議は修正動議として認められていません。

修正しすぎている場合、つまり修正の範疇を超えている内容のものは、そもそも修正動議とはいえません。修正動議として想定されている範囲を超えている動議が提出された場合には、修正動議としては認められませんから、議場に諮る必要もありません。他方、提出された動議が修正動議の範囲内である場合には、議場に諮らなければ後に訴訟（株主総会決議取消の訴え）を起こされて、決議が取り消される可能性も生じます。

このように、株主から提出された修正動議らしいものが、本当に修正動議にあたるのか、単なる意見なのか、そもそも修正の範囲を超えているものなのか、という判断は、会社にとっても株主にとっても大変重要なものです。その見極めの基準としては、提出された動議らしい意思表示の内容が、株主総会招集通知に記載してある議題や議案の内容から、一般の株主であれば予見できる内容であるかどうか、という基準によって判断します。もっとも、具体的な基準が十分に確立しているわけではありませんので、事務局の顧問弁護士に確認するなどの対応が重要です。

株主総会決議取消の訴え

株主総会決議の内容が定款に違反している場合などに、株主らが決議の取消しを求めて起こす訴えのこと（会社法831条）。

PART5
8

総会当日の採決・動議・議事進行

採決の方法

賛否が明確に判断できれば投票の内訳を明確にする必要はない

■ 採決とは

株主総会における会議の目的事項には報告事項と決議事項があります。このうち、報告事項の場合には取締役等が事業報告などについての報告を行い、説明義務を果たせば、採決は不要です。他方、決議事項として上程された議案の場合には採決が必要となります。

採決とは、議長が議案についての賛否を株主に問うことで、投票・起立・挙手・拍手・発声（「異議なし」などと議案に賛成する旨の声を出すこと）といった方法で行われます。株主総会において採決が必要な場合とは、承認や決議を要する議案が提出されている場合や、修正動議や一部の手続的動議が提出された場合です。

採決の方法としては、投票が一番確実な方法ですが、実施するには手間と時間がかかります。他方、起立や挙手といった方法で採決を行ったとしても、賛否が明確に判明する状況であれば特に問題はないでしょう。拍手や発声の場合には、賛否の数が半々のような状況下で実施すると、その採決結果に疑問を呈される可能性があります。ただ、委任状や書面投票などの状況から、あらかじめその議案が承認されることがわかっているような場合には、問題なく採用することができます。

議決権数の確認

採決の方法自体は法律では定められてはいないが、決議の際に必要とされる議決権数については法律で定められている。この議決権数に達するかどうかが微妙な状況下で、発声や拍手といった方法をとるのは危険である。議案の採決を行う際の状況はさまざまだが、その議案に対する意見が二分されているような場合には、記名投票による採決を行ったほうが無難だといえる。

記名投票による採決

投票をする者が自分の名前を記入して投票することを記名投票と言う。

■ 議案の採決について

採決の対象となる議案や動議については、採決に移る前に審議を十分に行う必要があります。また、取締役等が説明義務を

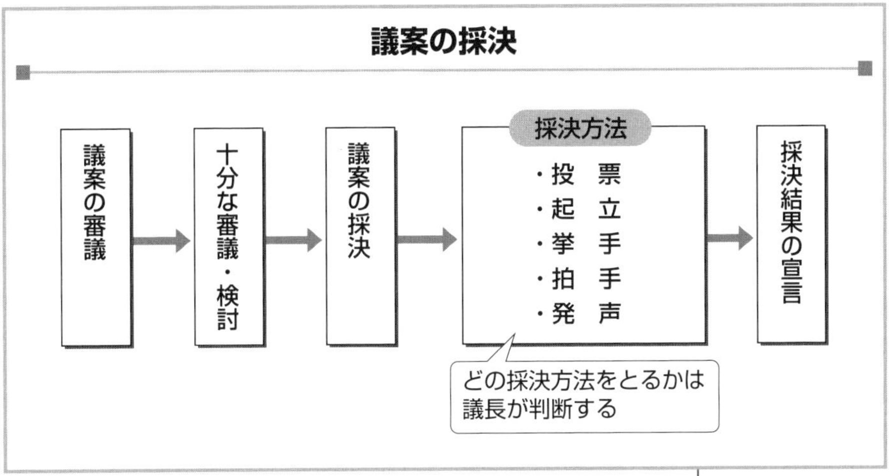

負っている場合には、その義務を十分に果たしてからでなければ採決を行うべきではありません。株主の質問を無視していきなり採決を行った場合には、後に訴訟を起こされてその決議が取り消されることもあるからです。

したがって、議長は議案を採決する際には、まず審議が必要なものについては十分な審議が尽くされたかを確認します。また、株主から質問がなされている場合にはその質問に対して取締役等が説明義務を果たしているかどうかを確認します。議案についての審議と質疑応答が十分になされていると判断した時には、議案の採決に移ります。

採決の方法は、どのような方法をとってもかまいませんが、判例によると、賛否が確定できることと採決のタイミングが適切であることが求められています。また、採決によって賛否が確定した場合には、議長はその数については伝える必要はありませんが、賛否のいずれに確定したのかについては明確に宣言するようにします。

宣言の仕方としては、たとえば原案と修正動議案があって原案の承認が可決された場合には、「原案通り承認可決されました」などと、採決の結果がわかるように宣言します。

なお、採決する議案が株主提案権の行使による場合で、その議案が否決された場合には、その採決の内訳についても把握しておく必要があります。総株主の議決権の10分の１以上の賛成を得られなかった場合、３年間は同一の議案を提案できないためです。

■ 動議の採決方法について

動議には手続的動議と修正動議があります。

手続的動議については、議場に諮る必要のある動議の場合には、動議が提出された時は議場に諮り、株主の意見を確認した上で採決することになりますが、議場に諮る必要の有無が不明の動議が提出された場合、議長は、事務局とも連携の上、議場に諮るかどうかを判断します。判断の結果、議場に諮る必要があると判断した場合には議場に諮って採決へと移ります。逆に、議場に諮る必要がないと判断した場合でも、反対多数で否決されることが容易に想定されるときは、採決をしてしまうのも一つの方法です。

修正動議が提出された場合は、修正の範囲を超えるものとして許容されない場合を除き、原則として議場に諮った上で採決することが必要です。審議をするときには、その案のもととなる原案と共に審議するのが合理的です。審議を終えると採決となりますが、その前に、原案の採決を先に行うことをその理由と共に株主に説明し、株主の承認を得てから、原案の採決を行うこともできます。原案が賛成多数で可決された場合には修正動議については否決されたものとして扱います。原案が否決された場合、修正動議の採決へと進むことになります。

■ 議決権行使書面と修正動議について

株主が事前に議決権行使書面によって議決権を行使した場合、

採決が不要であると判断されるケース

たとえば、休憩の動議が提出された場合である。その際、議長が休憩したほうがよいと判断すれば、休憩することを宣言する。他方、もう少しで休憩時間をとる予定があるような場合や議事の進行が遅れているような場合には、そのまま休憩せずに議事を進める、といった対応をとることになる。

採決の順番についての承認

修正動議が出された場合、採決の順番が問題になるが、これは議事の進行に関する事柄であり、議長の議事整理権に含まれる。このため、いちいち株主の承認を得なくても問題はない。しかし、修正動議が提出されているということは、通常会社提案の議案に対して反対している株主がいるということである。会社としては、反対している株主を軽んじたり、意見を封じ込めているような印象を与えないように注意するべきである。したがって、原案の採決を先に行う理由を株主に説明した上で、株主の承認を得てから、原案の採決を行うとよい。

議決権行使書面と動議

原案に賛成している議決権行使書面	原案	賛成
	修正動議案	反対または棄権
原案に反対している議決権行使書面	原案	反対
	修正動議案	棄権

会社はこれを株主総会当日の決議の際に出席株主の議決権の数に含めて計算します。書面投票によって事前に議決権が行使された場合、この議決権を行使した株主は、株主総会当日に提出された修正動議については、何の判断もしていません。したがって、原案に対して修正動議が提出された場合の書面投票については、通常の議案に対するものとは異なった取扱いをする必要があります。

まず、原案に賛成している場合には、修正動議案に対しては反対したものとして取り扱う考え方と、修正動議に対しては棄権したものとして取り扱う考え方があります。

次に原案に反対している場合には、原案に対しては反対しているからといって、修正動議案について賛成しているという判断は下せません。現実として、その株主が議決権を行使したときには修正動議案は存在していなかったのですから、その株主はこの修正動議案について何も判断を下していないことになります。したがって、その株主が修正動議案に賛成なのか反対なのか、会社は判断できません。このため、原案に反対している議決権行使書面は、修正動議案に対しては、棄権したものとして取り扱うべきと考えられています。

書面投票
株主総会における議決権の行使を書面によって行う方法のこと。

Column

株主優待制度など株主へのサービス

株式投資をする際にまず考えるのは、「どの会社の株を購入するか」ということでしょう。その決め手となる理由は「配当が高い」「安定株」「その会社の商品が好き」「経営理念に共感した」など人によってさまざまですが、その中のひとつに「株主へのサービスが充実している」ということが挙げられます。特にそれほど大金をつぎ込めない個人投資家にとって、株主サービスは気になるポイントのひとつでしょう。

株主サービスの形態には、株主に対して自社製品の割引券や金券を発行するといった「優待型」と、自社製品や特製のオリジナルグッズ、サービスなどをプレゼントする「お土産型」があります。金券ショップなどで株主が売却した株主優待券を入手したことがある人も多いのではないでしょうか。その他、音楽プロダクションが自社所属のアーティストの株主限定コンサートを行ったり、食品関係の会社が株主懇親会で新製品の試食会をするなど、各社趣向をこらした株主サービスを展開しています。最近では、株主優待だけで生活しているという人がその生活をブログや本などで紹介して話題になったこともあり、関心を持つ人が増えているようです。

会社側が株主優待制度を設けるメリットは、多くの株主を幅広く確保できるという点です。一度に大量の株を取得する投資家は、会社にとって大きな資金源をもたらしてくれますが、逆に一度に大量の株を手放したり、会社にとって不都合な相手に株を売却してしまうリスクもあります。さらに、大株主ともなれば経営方針などにも意見を言う「モノ言う株主」も多いでしょう。その点、株主優待を目当てに株を購入する株主は、経営の内容などには強い関心を持たず、長期に安定して株を保有し続けます。このため、現在では上場企業の約４割が株主優待制度を採用しているといわれています。

PART 6

総会後の手続きと法律問題

PART6
1

総会後の手続きと法律問題

株主総会後の決算公告と登記

株主総会終了後すぐに議事録を作成し、計算書類の公告を行う

■ 決算公告とは

貸借対照表などの計算書類を公告すること（世間一般に広く告知することをいいます）を決算公告といいます。

大会社
最終事業年度にかかる貸借対照表上の資本金の額が5億円以上または負債総額が200億円以上の株式会社のこと。

株式会社は、定時株主総会が終結すると遅れることなく決算公告をしなければなりません。その際、大会社以外の会社の場合は貸借対照表を開示すれば足りますが、大会社の場合には、貸借対照表に加えて、損益計算書も開示しなければなりません。会社に決算公告の義務が課されているのは、会社の債権者に会社の財政状況を開示することによって、会社の債権者が不測の損害を被らないようにするためです。

■ 公告が免除される場合もある

有価証券報告書
金融商品取引法上規定されている事業年度ごとに作成する会社の事業状況等についての外部への開示資料。上場会社など継続開示を行う必要がある会社は、有価証券報告書によって情報開示を行っている。有価証券報告書に記載される情報の内容と、有価証券届出書や目論見書に記載される情報の内容はほぼ同じである。有価証券届出書、有価証券報告書など書類のほとんどは、EDINETを使って提出することが義務付けられている。

会社は貸借対照表（大会社の場合は、貸借対照表と損益計算書）を開示しなければならないのですが、金融商品取引法上、有価証券報告書の提出義務が課されている会社については、決算公告をしなくてもかまいません。

有価証券報告書とは、会社の概況や事業・設備の状況、財務諸表などの経理の状況などの情報が記載された書類で、貸借対照表や損益計算書よりも詳細な情報が盛り込まれています。

有価証券報告書は、一般に広く開示されますから、有価証券報告書を提出している会社であれば、貸借対照表や損益計算書を開示する必要はないとされたのです。

たとえば証券取引所に株式公開をしている会社は、有価証券報告書を提出するように義務付けられています。そのため、上

電子公告の制度

電子公告

インターネットで公告内容についての情報を提供する制度

↓

①定款に記載する

- 定款に電子公告によって公告する旨を定める
- やむ得ない事由で電子公告ができない場合は、官報または日刊新聞紙で公告すると定めることもできる

↓

②登記する

ウェブサイトのアドレスなどを登記する

場会社の場合には決算公告をする必要はないということになりますが、実際にはIR情報として、自社ホームページに金融庁のサイト「EDINET」のリンクを貼るといった措置をとっている会社も多くあります。

EDINET
有価証券報告書等の開示書類に関するオンラインでの電子開示システム。

■ どんな方法があるのか

公告は、官報による公告、日刊新聞紙による公告、電子公告の3つのうちのいずれかの方法をとることが認められています。会社の公告方法は、定款で定めておくことができますが、そのうちの1つだけでなく、2つの方法で行うことを決めておくこともできます。たとえば、官報と日刊新聞紙によって公告する、と定めておくことができます。

他方、複数の方法のうちのいずれかの方法で行う、といったあいまいな方法にしておくことはできません。たとえば、「電子公告か官報による公告のいずれかによって公告する」といった定め方はできません。また、日刊新聞紙とは、会社法上は時

事に関する事項を掲載している新聞紙のことですが、全国紙でなくてもかまいませんし、夕刊でもかまいません。なお、定款で特に公告方法を定めていない会社は、官報によって公告しなければなりません。

公告方法を官報あるいは日刊新聞紙としている会社は、貸借対照表の要旨のみを公告することで足ります。また、公告方法を官報あるいは日刊新聞紙としている会社は、株主総会が終結してから遅れることなく電磁的方法で５年間にわたって、継続的に不特定多数の人に向けて情報を提供し続ける方法をとった場合には決算公告しなくてもよいとされています。

電磁的方法とは、たとえば、自社のホームページ上に情報を掲載する場合などです。この場合、貸借対照表（大会社の場合には損益計算書も必要）の内容を、自社のホームページ上に５年間掲載し続ければよいことになります。

株式会社の登記事項

目的、商号、本店・支店の所在場所、資本金の額、発行可能株式総数など。会社法911条３項に１号から29号にわたって記載されている。

■ 登記事項を変更した場合には登記申請する

株主総会決議で会社の登記事項が変更された場合には、登記申請が必要です。会社の登記事項に変更を生じる決議をした場合、決議をした日の翌日から２週間以内に変更の登記をしなければなりません。

そして、登記申請の際には株主総会決議があったことを証明する書類として、株主総会議事録を登記申請書に添付します。

■ どんな添付書類をそろえたらよいのか

登記の申請を行う場合には、登記申請書の他に、申請内容が真実であることを証明する書類、及び申請者の申請権限を証明する書類の添付が必要です。前述した株主総会議事録も添付書類のひとつです。

申請者の申請権限を証明する書類として、印鑑証明書の添付が必要となる場合もあります。また、申請を司法書士に委任す

株主総会終了後に行う事務

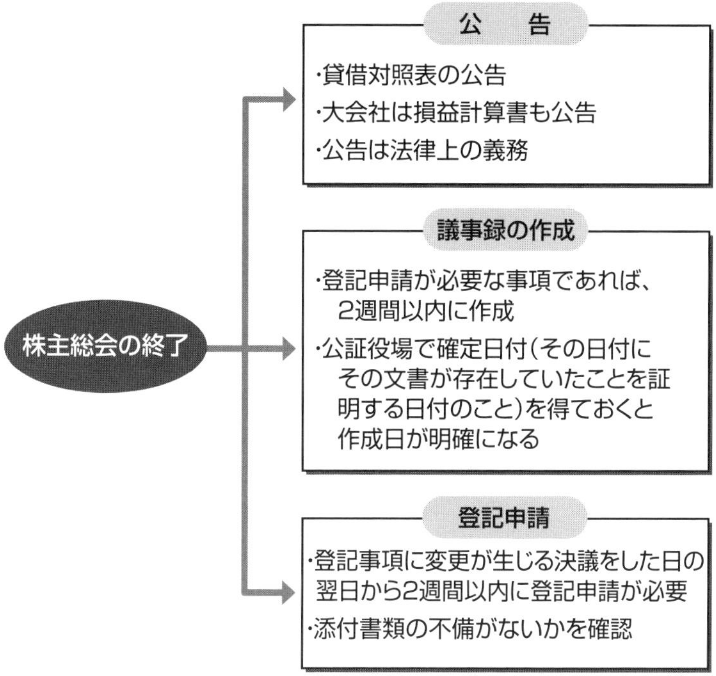

る場合には、委任状も必要です。

他にも申請内容に応じて、就任承諾書（取締役、代表取締役、監査役の就任時など）や裁判所の許可書などの添付が必要です。また、取締役、代表取締役、監査役の就任・辞任・解任の場合には、株主総会議事録や取締役会議事録を添付します。本店や支店の移転や廃止時にも取締役会議事録の添付が必要になります（株主総会議事録が必要となる場合もあります）。

総会終了後は、登記申請に備える必要があるため、速やかに株主総会議事録を作成する必要があるといえるでしょう。

PART6
2

株主総会を開催したとみなす制度

株主総会の決議は書面決議によって省略できる

■ 株主総会における書面決議とは

株主総会の目的である事項について、取締役や株主が提案をした場合には、株主総会を開催して議題としてとりあげ、決議するのが原則です。しかし、株主総会の目的事項について提案がなされ、その提案について全株主の同意を示す書面やデータがあれば、株主総会の決議がなされたものとみなすことができる、という制度が用意されています。このように、株主総会そのものを開催せずに書面による決議だけで済ませてしまう方法を、書面決議（みなし株主総会）といいます。書面決議によって株主総会の開催を省略するためには、株主に提案書を送付し、書面やメールといった方法により全株主が同意することが必要です。株主によって賛否が分かれている場合には、書面決議によって株主総会の決議があったものとみなすことはできません。

書面決議とは

株主総会に出席せずに議決権を行使する制度としては、書面投票制度や電子投票制度があるが、これらの制度は議決権の行使方法の1つに過ぎず、株主総会自体は実際に開催されている。これに対して、書面決議というのは、株主総会の開催自体を省略する制度である。

書面決議ができない場合

株主間で意見が食い違う場合や提案を否決する場合には、通常の株主総会を開催し、審議を尽くす必要があるからである。

このように、書面決議は、株主間に意見の食い違いがなく、そのことをお互いにわかっているのにわざわざ株主総会を開催するのはムダだ、という場合に利用される制度です。非公開会社で株主が数人しかいない場合や一人の株主が全株式を保有しているような場合、いちいち株主総会を開いて決議するよりも決議を省略したほうが迅速かつ経済的だといえます。

なお、決議省略がなされ、株主総会決議があったものとみなされた場合、そのみなされた時点を株主総会の終結とします。

■ 報告事項の報告も省略できる

株式会社の取締役は、原則として定時株主総会に事業報告を

招集手続き・総会決議の省略

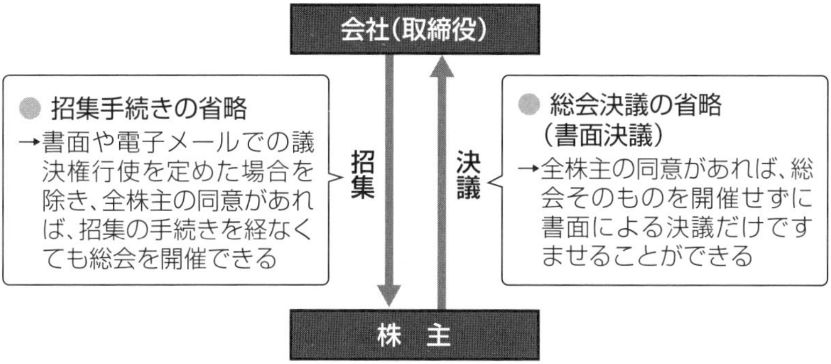

提出した上で、その内容を株主に報告しなければなりません。

しかし、書面決議によって株主総会を省略できるような会社の場合には、すでに全株主が報告事項の内容を承知している場合がほとんどです。このような会社が、報告事項の報告のためだけに、株主総会を開催しなければならないとすると、時間的にも費用的にもかなりのムダとなります。そのため、報告事項についても株主総会の開催を省略することができる制度が用意されています。

報告事項を省略するには、取締役が全株主に対して株主総会に報告しなければならない事項を通知し、報告事項の内容を報告する必要がないことについて全株主が同意する必要があります。報告が不要であることについて、全株主の同意があれば、報告事項を報告したものとみなされます。

このように、書面決議などを行うと、株主総会を省略することはできますが、総会後に作成が義務付けられている株主総会議事録については、その作成を省略することはできません。

どんな形態の会社で利用されるのか

書面決議がなされるのは、たいていは同族会社や親会社がすべての株式を保有しているような完全子会社の場合である。

株主総会の適正をチェックする制度

株主総会が適正に行われているか調査する者を株主総会検査役という

■ 株主総会検査役は何をするのか

株主総会検査役とは、株主総会の招集手続き・決議の方法が適正に行われているかを調査する人のことで、たいていは法律の専門家である弁護士が担当しています。

総株主の議決権の100分の１以上の議決権を有する株主（公開会社の場合は６か月前から保有していることが必要）は、株主総会が開催される前に、裁判所に対して株主総会検査役の選任の申立てをすることができます。株主総会検査役選任の申立ては、株主だけでなく、株式会社側も行うことができます。

申立てを受けた裁判所は、その申立てが適法に行われていない場合を除いて株主総会検査役を選任します。

選任された株主総会検査役は、調査した結果を、書面に記載するかCD-Rなどの電磁的記録に記録して、裁判所に提供・報告する義務を負います。株主総会検査役から報告を受けた裁判所は、内容を把握し、必要に応じてさらに詳細な内容を報告するように求めることもできます。株主総会検査役はその報告内容を記載した報告書の写しまたはCD-Rなどの電磁的記録を株式会社と申立人（申立人が株主である場合）に交付します。

総会検査役の選任申立てがなされる場合

総会検査役は、株主総会の招集手続きや決議方法が適正に行われているかどうかを調査するために行われる。したがって、後に株主総会決議取消の訴えが提起されるリスクがある場合などに選任の申立てがされる。具体的には、株主提案権の行使や委任状勧誘が行われ、株主総会での意見対立が予想される場合などである。総会検査役の選任により、違法な招集手続きや決議方法をとることの防止につながる他、株主総会の手続きの適法性に関する証拠資料を残すことになる。

■ 裁判所が株主総会の招集命令を出す場合

裁判所は、株主総会検査役から受けた報告内容から、株主総会招集の必要性があると判断した場合には、その会社の取締役に対して、株主総会を招集するように命じる場合（株主総会招集命令）があります。また、株主総会検査役から報告を受けた

株主総会検査役の選任と裁判所の命令

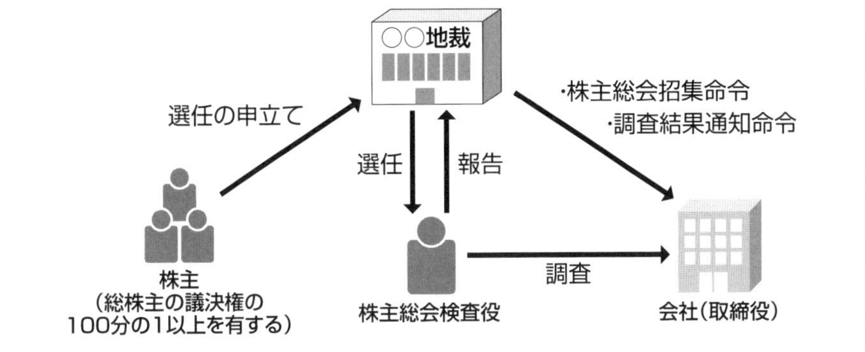

調査の結果を、株主に通知するように命じる場合（調査結果通知命令）もあります。

株主総会招集命令と調査結果通知命令は、どちらか一方だけがなされる場合もあります。株主総会招集命令のみが出された場合には、取締役は株主総会検査役の調査内容を株主総会において開示する義務を負います。他方、調査結果通知命令だけが出された場合には、その通知を受けた会社が自主的に株主総会を招集する場合もありますし、通知を受けた株主が訴訟などを起こすことも考えられます。

このように、株主総会検査役が選任された場合、株主総会の招集手続きや決議の方法の公正さが徹底的に調査され、場合によっては株主総会を招集するように裁判所から命じられたり株主から訴訟を起こされる事態に発展することもあります。

こうした事態に陥らないように、株主総会の開催については、法に則って適正に行うように細心の注意を払う必要があります。

反対株主の権利

株主総会決議に反対する株主には株式買取請求権が認められる場合がある

■ 株式買取請求権について

株式買取請求権とは、会社法によって反対株主に認められている権利で、自分が持っている株式を会社に買い取ってもらうように請求できる権利です。

反対株主とは、基本的には、株主総会でなされた決定に反対した株主のことですが、どんな決定でも反対すれば反対株主になる、というわけではありません。その会社の事業のすべてあるいは重要な一部を譲渡する、といった会社または株主に重要な影響を与える決定に対して、反対の意思を持つ場合に限られます。さらに、株主総会当日に反対の意を表明しただけでは反対株主とは認められません。株主総会が開催される前に、反対することを会社に通知し、かつ株主総会において、反対する議決権を行使した場合に限られます。また、議決権を行使することができない株主も、反対株主として株式買取請求権を行使することができます。

株式買取請求権の行使が認められるケースは会社法で定められています。

株式買取請求権を行使するには、反対株主が株式買取請求権を行使するかどうかを判断する期間が必要です。

そこで、会社は、定款変更や組織再編などの株式買取請求権の発生原因となる行為の効力が発生する日の20日前までに、株主に通知や公告をしなければなりません。株式買取請求権を行使する反対株主は、この20日間前から効力が生じる日の前日までの期間に自分が持っている株式の種類を明らかにした上で請

なぜこのような権利があるのか

株式会社では出資の払戻しは原則として認められていない。これは、株主には間接有限責任しかなく、会社の債務の弁済の原資は会社の財産しかないので、取引先や債権者の利益を保護するため、会社の財産を確保しておく必要があるからである。もっとも、株主総会では資本的多数決が採用されており、株主総会での決議によっては、自分の意に沿わぬ方向に会社が進む場合も出てくる。そのような状況になってもまだ自身の資本を回収する手段がないのでは、株主は安心して資本を投入できない。そのため、反対株主に不利益が生じないように、株式買取請求権が認められている。

反対株主が株式買取請求権を行使できるケース

a	会社が発行済の全株式またはある種類の株式の譲渡制限をする場合
b	ある種類の株式を全部取得条項付きの株式とする場合
c	会社が①～⑥の行為をする場合で、種類株主に損害を与える可能性があるとき ※1
d	会社が株式の併合を行い、端数となる株式が生じるとき
e	組織の再編（事業譲渡、吸収・新設合併、吸収・新設分割、株式交換、株式移転、株式交付）をする場合 ※2

※１ ①株式の併合・株式の分割、②株式無償割当て、③単元株式数についての定款の変更、④株式を引き受ける者の募集、⑤新株予約権を引き受ける者の募集、⑥新株予約権の無償割当

※２ 簡易組織再編では反対株主の株式買取請求権は認められない。略式組織再編では特別支配株主に株式買取請求権が認められない

求権を行使しなければなりません。

なお、株式買取請求権を行使した株主が一方的にその行使を撤回できるとすると、請求権を濫用する反対株主が増えるおそれがあります。そのため、会社が承諾しない限り、株式買取請求権を一度行使した株主が、行使した株式買取請求権を撤回することは認められません。

株主が撤回したいと思うケース

たとえば、事業譲渡に反対した株主が株式の売却を検討し、会社に株式買取請求権を行使したとする。しかし、その後市場の株価と買取請求の買取価格を比較したところ、市場の株価のほうが有利な価格だったと判明した。このようなケースの場合、株主としては会社に行った請求を撤回して、買取請求をした株式を株式市場で売却したいと思うところだが、会社の承諾がない限り、株式買取請求権の撤回は認められないということである。

■ 買取口座と買取請求撤回の制限

上場会社の反対株主に株式買取請求権が認められる場合、会社は、あらかじめ上場株式（振替株式）の「買取口座」を設けることが義務付けられています。

株式買取請求があると、請求人の株式はこの「買取口座」に振り替えることが義務付けられています。反対株主が株式買取請求の撤回について会社の承認を得ていないにもかかわらず、

株式市場において株式を売却できるとすると、撤回を制限した意味がなくなります。そこで、買取口座に株式を振り替えることで、反対株主が自由に株式を売却することを防止しているわけです。

■ 株式の買い取りの効力発生日

株式買取請求については、「いつの時点で買取りの効力が生じるのか」という効力発生日を理解しておかなければなりません。

株式の買い取りの効力発生日は、定款変更や組織再編などの株式買取請求権の発生原因となる行為の効力発生日と同じです。つまり、それらの行為と同じ日に買い取りの効力も発生することになります。

■ 株式の買取価格はどうなるのか

株式買取請求権を行使する際に問題となるのは、その株式の買取価格です。この買取価格については、法令上、会社は公正な価額で買い取らなければならない旨が定められているだけです（有力な見解として「通常は株式買い取りの効力発生日における時価が基準となり、組織再編行為等により株価が下落した場合には、組織再編行為等がなかったものと仮定した場合の価格となり、組織再編行為等によりシナジー効果が生じて株価が上昇した場合には、そのシナジーを織り込んだ価格となる」という考え方があります）。

したがって、会社が通知・公告を行って、その期間中に反対株主が株式買取請求権を行使した場合、最終的に会社がその株式を買い取る価格がいくらになるか、という点については、結局、その株主と会社の間の交渉によります。交渉ですから、どうしても合意に至らない場合も出てきます。そのような場合には、最終的には裁判所に価格決定の申立てをして裁判で決着をつけることになります。価格決定の申立ては、買い取りの効力

シナジー効果

企業同士がM&Aや業務提携をした場合に生じる相乗効果のこと。それぞれの強みがうまくかみ合えば、1＋1＝2以上の効果が生じる場合がある。

株式買取請求権行使の手続き

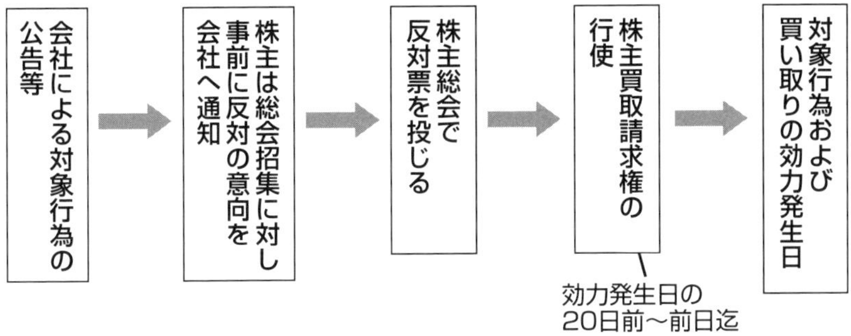

発生日から60日以内に行う必要がありますので、価格交渉がまとまるかどうかについては、早期に見通しを立てることが重要です。

裁判で決定する場合、長期間かかるのが普通です。しかし、会社には、買い取りの効力発生日の60日経過後（以下、利息発生日という）から、裁判で決定した金額を支払う日までに、法定利率による利息が課されます。この利息の支払いは多額であり、このような負担を軽減するために、価格決定前の支払制度が設けられました。

この制度は、裁判や当事者の交渉妥結による買取価格の決定の前でも、会社は、自らが公正と認める価格を、反対株主に支払うことができるというものです。この制度により、会社は金利負担を大幅に減らすことができます。また、反対株主が買取金額に不満で受領を拒否した場合でも、会社は弁済供託により、供託した金額については金利負担を免れることができます。

なお、会社が公正と認める価格として支払った金額より、裁判所の決定または当事者の交渉妥結による価格が高かった場合には、後から会社がその差額を支払います。

弁済供託

供託とは、大まかに言えば金銭や有価証券などを供託所（法務局）に預けることである。供託にはさまざまな種類があるが、弁済の目的で行う供託を弁済供託といい、債務を弁済したの同様の効果が生じる。債務の消滅原因のひとつ。

決議に問題があった場合

決議の不存在・無効・取消しなど問題の程度によって判断が異なる

■ どんな方法があるのか

株主総会の決議に関する訴訟は、株主総会決議不存在確認の訴え、株主総会決議無効確認の訴え、株主総会決議取消の訴えの３種類が用意されています。いずれの訴えが提起された場合でも、被告（訴えられた者）は会社となります。

決議に問題があった場合には、その程度に応じて、この３種類のうちのいずれかの訴訟が提起されることになりますが、それぞれの訴訟は対象とする問題の性質に違いがあります。

株主総会決議不存在確認の訴えとは、「不存在」とあるように、おもに、株主総会が存在していなかったにもかかわらず、さも総会があったかのような外観が作られている場合に提起されます。株主総会が存在していなかったことが認められるとその株主総会で成立したとされる決議はなかったものとして扱われることになります。

株主総会決議無効確認の訴えとは、株主総会自体は開催されたと評価できるものの、そこでなされた決議が法令違反であるような場合に提起されます。法令違反の決議であったことが認められると、その決議は無効となります。

３種類の訴えの中で比較的問題の程度が軽い場合に利用するのが株主総会決議取消の訴えです。

株主総会決議取消の訴えの対象となった決議は、請求を認める判決が確定する前には一応有効なものとして成立しています。「すでに有効なものとして成立している決議に問題があるため、取り消してほしい」と主張するのが株主総会決議取消の訴えで

確認の訴え

特定の権利や法律関係の存在または不存在を主張し、それを確認する判決を求める訴えのこと。確認の訴えは、確認の利益がなければ訴えは不適法として却下される。

総会決議の瑕疵（問題点）を争う訴え

<table>
<tr><th>訴え
の種類</th><th>総会決議取消
の訴え</th><th>総会決議不存在確認
の訴え</th><th>総会決議無効確認
の訴え</th></tr>
<tr><td>原告</td><td>株主等（株主、取締役、執行役、監査役、清算人、設立時株主、設立時取締役、設立時監査役）</td><td>訴えの利益を有する者なら誰でも</td><td>訴えの利益を有する者なら誰でも</td></tr>
<tr><td>被告</td><td>その株式会社</td><td>その株式会社</td><td>その株式会社</td></tr>
<tr><td>提訴期間</td><td>総会決議の日から３か月以内</td><td>訴えの利益が存在する間</td><td>訴えの利益が存在する間</td></tr>
<tr><td rowspan="3">要件</td><td>総会招集手続き・決議方法が法令・定款に違反または著しく不公正なとき</td><td rowspan="3">決議が存在しないこと
※株主総会が開催されていない場合や一応開催されたが手続上の瑕疵（不備、ミスのこと）が著しく、決議があったとは言えない場合など</td><td rowspan="3">決議内容が法令に違反すること</td></tr>
<tr><td>総会決議内容が定款に違反するとき</td></tr>
<tr><td>総会決議で特別利害関係人（議決権を行使するにあたり、株主としての関係以外に何らかの個人的利害関係をもつ者）が議決権を行使し、著しく不当な決議がなされたとき</td></tr>
</table>

す。この訴えが認められると、有効に成立していた決議が、取り消されて無効なものとして扱われることになります。

■ 不存在確認・無効確認の訴えが提起される場合

株主総会決議不存在確認の訴えとは、総会決議が存在していないことについて確認を求める訴えです。株主総会決議無効確認の訴えは、総会決議が無効であることを訴えによって確認するものです。これらの確認の訴えは、株主総会が不存在であることや決議が無効であることを確認することについて正当な利益（これを訴えの利益といいます）を有する人であれば誰でも訴えを提起することができます。また、訴えを提起できる期間（提訴期間）についても、特に制限はなく、訴えの利益がある限りいつでも提起することができます。

たとえば、株主総会の決議が存在していないにもかかわらず議事録には決議が存在しているかのように記載されているような場合、株主総会決議不存在確認の訴えが提起されます。また、株主総会の招集通知がなされたときに、通知されなかった株主が多数いて実質的に招集されなかったに等しい状態だったような場合にも、株主総会決議不存在確認の訴えが提起されます。

他方、株主総会決議無効確認の訴えは、株主総会は開催されているものの、その総会の決議において、たとえば欠格事由がある者（詐欺再生罪（民事再生法255条）で１年前に罰金刑に処せられた者など）を取締役として選任する決議が承認されたような場合に、提起されます（会社法は、詐欺再生罪などの一定の罪を犯して刑罰を処せられてから２年を経過していない者は会社法で取締役になることができないことを規定しています）。

■ 取消の訴えが提起される場合

株主総会決議取消の訴えが提起され、対象となった決議が取り消されると、すでに有効な決議として成立していた決議が、取り消され、遡って無効となります。この訴えを提起できる人は、株主、取締役、清算人です。会社が監査役設置会社の場合には監査役、指名委員会等設置会社の場合には執行役も訴えを提起できます。提訴期間は限定されており、訴えの対象となる決議がなされた日から３か月以内に提起しなければなりません。株主総会決議取消の訴えの場合には、訴えが認められるとその決議は取消しによって遡って無効となり、その効力は原告と被告の間だけではなく、その他の人（第三者）にも及びます。

株主総会決議取消の訴えを提起することができる原因を決議

詐欺再生罪

再生手続開始の前後を問わず、債権者を害する目的で以下の行為を行った者を、10年以下の懲役、あるいは1000万円以下の罰金、または両者の併科とするもの。
・債務者の財産を隠匿し、または損壊する行為
・債務者の財産の譲渡または債務の負担を仮装する行為
・債務者の財産の現状を改変して、その価格を減損する行為
・債務者の財産を債権者の不利益に処分し、または債権者に不利益な債務を債務者が負担する行為

清算人

清算会社において、清算の職務を行う機関のこと。

決議取消・不存在確認・無効確認の訴えの提起と効果

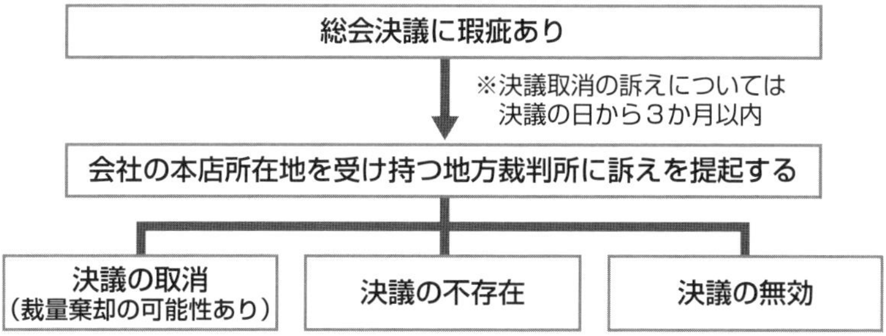

※ 決議取消・不存在確認・無効確認のいずれの訴えも、請求を認容する判決は、当事者だけでなく、第三者に対しても効力が生じる

取消事由といいます。会社法は、決議取消事由として次の３つの瑕疵（問題点）を挙げています。

① 株主総会招集の手続き・決議の方法に関して法令・定款に違反し、または著しく不公正な場合

② 株主総会の決議の内容が定款に違反している場合

③ 決議の際に特別利害関係人である株主が議決権を行使したために著しく不当な決議がなされた場合

①は、たとえば株主総会の招集通知を行った際に、通知し忘れた株主がいたような場合です。②は、定款で取締役の数を５人と定めてある会社で７人の取締役を選任したような場合です。③は、職務の執行に関し不正行為を行った取締役を解任する議案の採決において、その取締役が株主として議決権を行使したために否決されたような場合です。

なお、裁判所は、株主総会決議取消事由にあたる事実があった場合でも、その事実が重大ではない場合で株主総会の決議にも影響を与えていないと判断した場合には、その株主総会決議取消の訴えによる請求を棄却（裁量棄却といいます）することもあります。

特別利害関係人
その決議の内容について個人的な関係があるため、議決権を行使することが不適切だと思われる者。

Column

インターネットを利用したオンラインによる電子開示手続き

有価証券報告書等の情報開示をする際には、その情報を投資家が容易に入手可能である状態にしておく必要があります。そのため、平成13年にインターネットを利用したオンラインでの電子開示手続きが導入されています。このオンラインでの電子開示システムのことをEDINET（エディネット、Electronic Disclosure for Investors' NETwork）といいます。

EDINETの導入により、企業側は、情報開示のために必要な事務負担を軽減することができます。また、投資家側も、有価証券報告書等の情報をいつでも容易に入手することが可能になりました。

また、平成20年４月以降に開始する事業年度の財務諸表について、国際的に標準化された財務報告等に使用されるコンピュータ言語であるXBRL形式で提出することとなりました。これにより、投資家による財務データの分析などの利便性が向上しました。

オンラインでの開示手続きには、EDINETによる開示が義務付けられる電子開示手続きとEDINETを利用するかどうかは任意であり、紙媒体を用いた開示も認められる任意電子開示手続きがあります。

EDINETによる開示が義務付けられている電子開示手続きの対象となる書類には、有価証券届出書、有価証券報告書、公開買付届出書、内部統制報告書等があります。これらの書類には、投資家にとって重要な情報が記載されています。逆に、任意電子開示手続きの対象となる書類には、有価証券通知書等があります。

EDINETによる開示を行う場合、開示を行う会社が、インターネットを通じてEDINETに必要な情報を送信します。この情報がEDINETに記録された時点で、手続きが完了します。送信された情報は、EDINETを通じて一般の投資家が閲覧することができます。

PART 7

議事録作成の仕方

議事録とは

登記を申請する時や閲覧・謄写の請求を受けた際に必要

■ 何のために議事録を作成するのか

株主総会の開催後、株式会社は議事録を作成しなければなりません。議事録とは、議事に出席した出席者の発言内容や、議事の経過・結果といった事項について、記録したものです。株主総会で会社のあり方・方針を決めた場合、その経過を議事録として書面や電子データに残しておくことで、関係者全員が情報を共有し、誤りの確認や今後の方向性を決定する際の資料として活用することができます。議事の内容を残しておかないと、後になって議事の内容と異なる運営がなされたとしてもそのことを確認するのが困難になります。そのため、会社法は、株主総会・取締役会といった会議が開催されたときには、議事録を作成することを義務付けています。

株主総会後に作成する議事録を株主総会議事録、取締役会後に作成する議事録を取締役会議事録といいます。議事録を作成しない場合や、作成方法に不備があったりすると、決議がなかったものとみなされるおそれも出てきます。

議事録は、形だけ整えておけば何を書いてもよいというものではありません。議事録への記載を義務付けられている事項が会社法や会社法の施行規則で定められており、記載事項は議事録の種類によって異なります。

作成した議事録は会社の経営者だけが見るものではありません。株主や請求できる要件を満たした債権者が閲覧や謄写を請求してきた場合には、会社は原則としてこれに応じなければなりません。また、不動産売買や融資などの重要な取引において

謄写
書き写したり、コピーをとったりすること。

株主総会議事録に関する義務

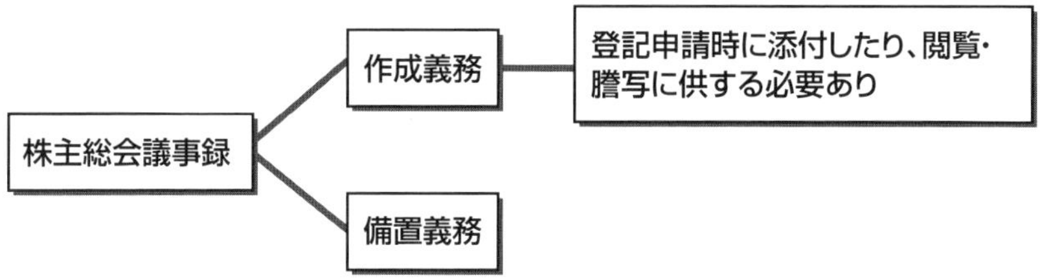

相手方から開示を求められる場合もあります。

■ どんな場合に議事録の作成が義務付けられているのか

毎事業年度の終了後、一定の時期（通常事業年度終了後２～３か月以内）に招集される定時株主総会の開催後や、会社の重要事項に変更があるときに開催される臨時株主総会や取締役会の開催後に議事録の作成が必要になると考えておけばよいでしょう。

目的や商号の変更、本店の移転、資本金の額の減少など、一定の重要事項が変更された場合、会社法はその会社に対して、その変更から２週間以内に会社の本店所在地で、変更の登記を申請するように義務付けています。株主総会や取締役会などの決議を経なければ変更できない事項である場合には、株主総会議事録あるいは取締役会議事録を登記申請書に添付することになります。

また、株主や債権者は議事録の閲覧・謄写をすることができます。そのため、会社は議事録を作成するだけでなく、作成した議事録を備え置く義務（備置義務）があります。株主総会議事録は本店に10年、支店に５年、取締役会議事録は取締役会設置会社の場合、本店に10年備え置かなければなりません。

PART7
2

議事録作成の手順

議事録作成の仕方

書面か電磁的記録で作成しなければならない

■ 作成は一定の期日までに行う必要がある

株主総会が開催された場合には議事録を作成することになりますが、議事録の作成期限については、法律上明記されていません。ただ、会社の本店を移転する場合のように、会議で決定された事項について、登記申請が必要になる場合は別です。定款変更を伴う本店の移転の場合、取締役会決議だけでなく株主総会決議も必要になりますが、変更の決議をした日の翌日から２週間以内に本店を移転する登記の申請をしなければなりません（会社法915条）。登記申請書には取締役会や株主総会の議事録の添付が必要です。

このように、議事録自体に作成期限が定められていなくても、議事録を添付して行う登記の申請に期限が設けられている場合には、議事終了後速やかな議事録の作成が求められているといえます。

議事録はなるべく早く作成する

株主総会が開催された日の数日後に、株主総会に出席しなかった株主などから議事録の閲覧・謄写請求を受ける場合も多い。このような場合に、「まだ議事録の作成ができていない」という対応をすることは、会社の信用を落とすことにもなりかねない。そのため、たとえ直ちに議事録を作成する必要がなくても、議事録はなるべく早く作成するよう心掛けなければならない。

■ 議事録の作成手順とは

議事録を作成する際には、事前にその議事録に記載しなければならない事項（記載事項）を確認しておくとよいでしょう。株主総会であれば株主総会議事録の記載事項、取締役会であれば取締役会議事録の記載事項というように、各種議事録の記載事項は、それぞれ法令で定められています。

なお、法令で定められている記載事項さえ記載されていれば、その他の様式などは会社の自由です。したがって、議事録は会社ごとに様式が異なるのが通常です。ここでは一般的な議事録

議事録の作成手順

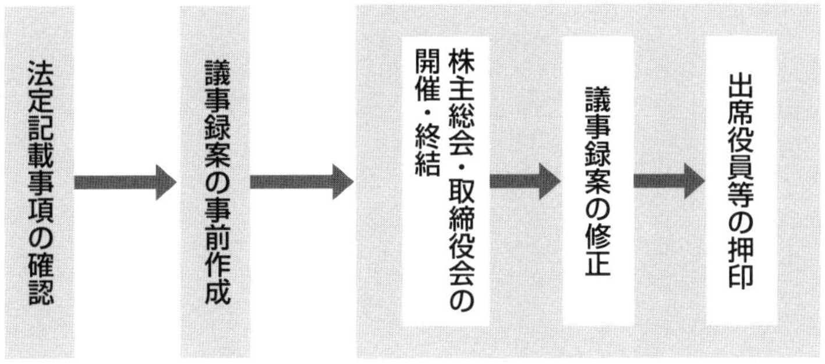

の作成方法について紹介していきます。

記載事項の確認終了後、実際に議事録を作成していくことになります。まずは、議事録の冒頭部分を作成します。冒頭部分には、その会の開催日時や場所、議長がいる場合には議長の氏名などを記載します。

冒頭部分を書き終えた後に、会議で議題として取り上げた内容について記載します。ここでは議事の経過と結果を記載することになります。実際に議事を記載する際には、その性質に応じて「報告事項」「決議事項」「目的事項」などと書き分けておきます。たとえば、株主総会において事業報告が承認された場合には、「報告事項」、役員の選任に関しての決議がなされた場合には「決議事項」などと記載します。

議事のそれぞれの事項については、「第○号議案 ○○の件」という形で具体的な内容を記載し、その項目ごとに議事の経過と結果を記載します。

このようにそれぞれの議案ごとに経過と結果を記載することで、議事録の内容を明確にすることができます。議事の経過と結果についての記載を終えると、最後に閉会時間などと共に議長や出席した取締役の氏名、議事録の作成者の氏名などを記載して締めくくります。

■ 書面で作成するのが一般的

議事録は、会社法上、書面か電磁的記録で作成しなければならず、それ以外の方法による議事録の作成は認められていません。

議事録を書面で作成した場合には、原則として出席した取締役や監査役、会計参与、委員等の署名・記名押印が必要です。

書面で作成するのが原則

たとえば取締役会議事録については、出席した取締役・監査役が署名か記名押印をしなければならない。また、監査役会に出席した監査役も、議事録に署名、または記名押印する義務がある。他方、株主総会議事録の場合には、出席した取締役などに署名・記名押印の義務はない。このようにして書面で作成した議事録（あるいはその写し）について、株主から閲覧・謄写の請求を受けた場合には、原則として請求者に閲覧・謄写させなければならない（会社法318条、371条）。

■ 電磁的記録による議事録作成とはどんなもの

書面の取締役会議事録には監査役や取締役が署名・記名押印しますが、電磁的記録によって議事録を作成する場合は、署名や備置きについて、紙媒体とは異なるしくみがとられています。

具体的には、電磁的記録によって議事録を作成した場合の監査役や取締役の署名には、電子署名が用いられます。

電子署名とは、手書きの場合のサインや印鑑に該当するもので、文書の内容の改ざんを防ぐしくみがとられているものをいいます。たとえば、対になっている２つの鍵を使ってデータを暗号化し、復号する（暗号化した鍵を元に戻して取り出すこと）非対称暗号方式を使って行うデジタル署名などが、この電子署名に該当します。

また、電磁的記録によって株主総会議事録を作成した場合の備置義務（165ページ）については、支店で使われているパソコン上で議事録を閲覧できる状態であれば、備置義務を果たしているといえます。

電磁的記録

CD-ROMやDVD-ROMなど、確実に情報を記録しておける記録メディアあるいは電子媒体と呼ばれるものに記録したものを言う。CD-ROMやDVD-ROMの他にも、メモリースティック、SDカード、ICカードなどに情報を記録したものが電磁的記録として認められている。

■ 議事録の氏名の記載と署名・記名押印について

議事録には作成者や出席者などの氏名を記載します。いずれの議事録でも議長を定めた場合には、議長の氏名の記載が必要です。議事録の作成者の記載については、株主総会議事録では、

株主総会議事録・取締役会議事録と押印

株主総会議事録 → 出席した取締役などの署名・記名押印は、会社法上は求められていない

取締役会議事録 → 出席取締役・監査役は署名、または記名押印しなければならない

作成した取締役の氏名の記載が必須事項となっていますが、取締役会議事録では、原則として作成者の氏名の記載は不要です。

議長や作成者以外の記載すべき人の氏名（法人の場合は名称）については、それぞれの議事録によって、次のように異なります。株主総会議事録の場合には、株主総会に出席した取締役・執行役・会計参与・監査役・会計監査人の氏名を記載します。取締役会議事録の場合には、出席した執行役・会計参与・会計監査人・株主の氏名を記載します。取締役会議事録については、出席した取締役と監査役は、署名または記名押印をしなければなりません。氏名の記載とは別に、署名や記名押印が求められている理由は責任の所在を明確にするためです。署名とは、本人の自署によるサインのことです。

他方、印字などで氏名を記載し、押印する場合のことを記名押印といいます。

会社法上、株主総会議事録については、出席した取締役などの署名・記名押印は不要ですが、定款に必要と定めた場合や、取締役会非設置会社で株主総会において代表取締役を選定した場合は、押印が必要になります。また、そのような場合でなくても、議事録が真正に作成されたことを証明するためなどの理由で押印する場合が多いようです。

PART7
3

株主総会議事録の作成手順

議事録には配布資料を添付する

■ どのようなことを記載するのか

株主総会議事録に記載しなければならない事項は、会社法施行規則72条3項各号で具体的に定められています。この規定によると、株主総会の議事録には、次ページ図のような内容を記載しなければなりません。また、会社法は、監査役が監査役の選任等に関して株主総会で意見を述べることができるなど、一定の場合に意見陳述・報告の権利・義務を定めています。このような会社法上の権利の行使や義務の履行があった場合には、その意見・発言内容の概要も議事録に記載する必要があります。これには、監査役の選任等に関する監査役の意見陳述権の他、取締役が提出した議案の法令違反等を発見した監査役の報告義務、会計監査人と監査役の監査意見が異なった場合の会計監査人の定時株主総会における意見陳述権などがあります。

また、株主全員が特定の議案に賛成する書面決議により株主総会決議がなされたものとみなす場合や、株主全員の同意により株主総会への報告があったものとみなす場合でも、株主総会議事録の作成は必要です。

みなし決議の場合は、決議があったものとみなされた議案の内容、議案を提案した者の氏名または名称、株主総会の決議があったものとみなされた日、議事録を作成にかかる職務を行った取締役の氏名を議事録に記載しなければなりません。

みなし報告の場合は、報告があったものとみなされた事項の内容、株主総会への報告があったものとみなされた日、議事録の作成にかかる職務を行った取締役の氏名を議事録に記載しな

株主総会議事録のおもな記載事項

株主総会議事録の記載事項

- ① 開催日時・場所
- ② 議事の経過の要領と結果
- ③ 出席した取締役・執行役・会計参与・監査役・会計監査人の氏名または名称（法人の場合）
- ④ 議長の氏名
- ⑤ 議事録の作成にかかる職務を行った取締役の氏名

ければなりません。

■ 株主総会議事録に添付する書類

株主総会の議事録に添付すべき書類については、特に法律上の定めはありません。ただ、株主総会で取り上げられた議案について逐一記載するのは大変ですから、たいていの会社は、株主総会で配布した資料を添付しています。また、株主総会は開催にあたって招集通知が出されますが、その招集通知も添付されることも多いようです。その他、一般的に株主総会議事録に添付される書類としては、事業報告書、計算書類、監査役（監査役会設置会社の場合には監査役会）の監査報告書、その他の参考資料があります。

なお、株主や債権者の閲覧請求の対象となる他、取引の相手方などから開示を求められることもあるため、不必要に詳細な記載にならないように注意することも重要です。

議事の結果と賛成者の割合の記載

総会議事録には議事の結果を記載する。総会決議には、普通決議、特別決議、特殊決議という３種類があるため、議事録には、決議要件を満たしていることを明らかにするために、「満場一致をもって」や「出席株主の３分の２以上の賛成をもって」といった賛成者の割合を示すことが必要になる。

PART7
4

議事録作成の仕方

取締役会議事録の作成手順

機密事項がを議論する場合もあるため記載内容には注意する

■ どのようなことを記載するのか

株主総会で、取締役会の決議が必要な事項の決定を行った場合には、株主総会の終了後、速やかに取締役会を開催します。取締役会で決定された事項の内容については、取締役会議事録に記載します。

総会終了後に取締役会の決議が必要になる代表的なケースが、会社の代表取締役の選定です。取締役会を設置している会社の場合、代表取締役は取締役会決議で選ばれるため、決議の内容を取締役会議事録に記載することになります。

取締役会議事録は取締役会で検討された議事の経過の要領や結果について記載するものです。具体的には、取締役会議事録には主に次ページ図の事項を記載します（会社法施行規則101条３項）。

■ 取締役会の決議と賛成者の記載

取締役会は、各取締役が招集しますが、特定の取締役だけが招集権限を有するように定款や取締役会で定めた場合には、原則としてその取締役が招集します。また、取締役会は、重要な財産の処分・譲受、多額の借財、重大な人事や重要な組織変更、内部統制システムの構築などについて、その決定を取締役に委任することはできません。

取締役会での決議は、それに参加できる取締役（決議事項について特別な利害関係を持つ取締役は参加できません）の過半数の出席する取締役会においてその過半数の賛成で成立します

取締役会議事録のおもな記載事項

取締役会議事録の記載事項

- ① 開催日時・場所
- ② 議事の経過の要領と結果
- ③ 決議事項について特別の利害関係がある取締役がいる場合にはその氏名
- ④ 出席した執行役・会計参与・会計監査人・株主の氏名または名称（出席した取締役・監査役については議事録に署名または記名押印をする）
- ⑤ 議長の氏名

（議決要件を加重するのであれば、別途、その会社ごとに定款で定めることができます）。

したがって、取締役会議事録には「取締役全員の賛成により」「○○及び××を除く取締役全員の賛成により」といった賛成者の記載をすることになります。

■ 取締役会議事録への記載方法

取締役会は、原則として各取締役が招集できますが、定款や取締役会の定めをもって特定の取締役だけが招集権限を有するようにすることも可能です。また、株主や監査役の請求によって取締役会が開催されることもあります。

議案に反対する取締役は、議事録に異議をとどめておかないと取締役会決議に基づく業務執行について自らも責任を負う可能性がありますので注意が必要です。

また、株主などの閲覧請求や、取引の相手方の求めによって開示する場合がありますので、機密事項を漏洩することのないように注意することも重要です。

取締役会非設置会社における取締役決定書

当然、取締役会議事録を作成する必要はない。業務については、取締役が複数名いる場合、原則として取締役の過半数の一致（賛成）によって決定する（会社法348条）。取締役の過半数の一致をもって、業務決定をした場合、一般的には、「取締役決定書（決議書）」という名称の書類を作成することが多い。取締役決定書は、取締役会議事録と異なり、会社法で作成が義務付けられている書類ではない。しかし、取締役の過半数の一致があったことを後日の証拠として残すためにも、取締役決定書の作成を習慣化させておくことが望ましい。なお、登記申請の際には、取締役会議事録の添付に代え、取締役決定書の添付が必要になることがある。

印鑑の種類と使い方

議事録作成において重要な役割を果たす

■ 会社で使う印鑑の種類

議事録を作成する場合に重要なのが印鑑についての知識です。押印するという行為は、押印する文書が押印した者の意思に基づいて作成されたことを証明することになります。

会社を設立するときは、印鑑を届け出る必要があり、印鑑を届け出ることによって、印鑑証明書を取得することが可能になります。一般に登記所に届け出た印鑑を会社実印、会社届出印、会社代表印などといいます。丸印（丸い印鑑）を届け出るのが一般的です。登記申請をする際や不動産の売買など重要な取引をする際に押印及び印鑑証明書の添付が求められます。他方、実印や銀行印以外の印鑑は一般的に認印と呼ばれ、区別されます（次ページ図参照）。

■ 印鑑の特殊な使い方

印鑑は、署名や記名の後ろに押されるものですが、特殊な使い方をされることもあります。「訂正印」「捨印」「契印」「割印」「消印」です。

① **訂正印**

文書に記載された文字を訂正するときに用います。文書を作成した当事者ら自らの手により訂正されていることを証明するために押印されます。

② **捨印**

作成し、押印した文書に事前に訂正印を押印しておくことを「捨印」といいます。押印後に文書の中の文字を訂正する必要

会社で使うその他の印鑑

会社名義の銀行口座を作るときに銀行に届け出る銀行印、役員などの役職にある者が職務上使用する役職印、社会保険関係の手続きの際に使用する社会保険印、領収書や請求書に押すときに用いられるゴム印や角印など、会社では用途によって印鑑を使い分けるのが一般的である。

会社の印鑑証明書の取得方法

会社も登記所に届け出ている印鑑について印鑑証明書を発行してもらうことができる。印鑑証明書を発行してもらうためには印鑑カードが必要である。

議事録の記載を訂正する場合

訂正する文字に線を引き削除し、その上に正しい文字を書き加える。そして、訂正箇所のあるページの上部または下部の欄外余白に訂正印を押印して「〜字削除、〜字加入」と記載する。

印鑑の種類と使い方

代表者印（実印）	会社の実印で会社名と肩書の入った印鑑。官公庁への届け出などの重要度の高い書類に押印する。管理には細心の注意が必要
銀行印	銀行など金融機関に口座を開くときに使用する印鑑。取締役の印鑑証明書を添付して銀行に届け出る
社印（会社角印）	社判、角印、会社印などと呼ばれ、社名だけが入った四角い印鑑。認印としての役割を果たし、重要度の高い書類では一般的に使用しない
代表者の常用印	代表取締役が日常の取引（契約）文書や事務文書に使う認印。実印ではないが管理は慎重にする必要がある
役職者印	○○担当取締役、××部長、△△課長などの役職名入りの印鑑で、おもに注文書や社内の決裁などの押印に使用される

が出てきたときのために、文字を訂正してもよいという許可を前もって出しておく場合に使用されます。文書に押印した当事者全員で文書の欄外に捨印を押印しておくことで、後に誤記などの訂正ができるようになります。

③ 契印

作成した文書が複数のページからできているような場合において、すべてが一体の文書であることを証明するためや作成後の不正なページの差し換え・改ざんを防止する目的で、綴じ目をまたいで当事者全員が押印をすることを「契印」といいます。

④ 割印

正本と副本をつくるようなとき、または同じ文書を２通以上作成して、複数人数でそれぞれ１通ずつ保管しておくような場合は、「割印」を用います。

⑤ 消印

契約書に貼付される収入印紙などに押印することで、使用済みであることを明らかにし、再利用できないようにすることです。消印は印紙税法で義務付けられています。

Column

議事録の備置義務と閲覧・謄写請求

会社法は、議事録についての会社の備置義務を規定しています。備え置かれた議事録は株主などが閲覧・謄写請求できます。

株主総会議事録は、株主総会開催の日から、原本を10年間本店に備え置かなければなりません。また、会社が支店を設置している場合は、その写しを５年間備え置く必要があります。備え置かれた議事録は、株主及び債権者であれば会社の営業時間内はいつでも閲覧・謄写の請求をすることが可能です。また、親子会社の場合、親会社の社員は、その権利を行使するために必要があるときは、裁判所の許可を得て、閲覧・謄写請求をすることが可能です。

取締役会議事録は、取締役会の日から10年間本店に備え置かなければなりません。監査役設置会社、監査等委員会設置会社、指名委員会等設置会社以外の会社の場合、株主は、備え置かれた議事録を、その権利を行使するため必要があるときは、会社の営業時間内はいつでも閲覧・謄写の請求をすることが可能です。監査役設置会社、監査等委員会設置会社、指名委員会等設置会社の場合、株主は、その権利行使の必要があるときは、裁判所の許可があれば閲覧・謄写請求ができます。他方、会社の債権者及び親会社の社員は、取締役など役員の責任を追及するために必要があるときは、裁判所の許可を得て、閲覧・謄写の請求をすることができます。ただし、裁判所は、閲覧・謄写の請求をすることにより、会社に著しい損害を及ぼすおそれがあると認めるときはその許可をすることができません。

監査役会議事録についても、監査役会の日から10年間本店に備え置く必要があります。株主及び親会社の社員が、その権利を行使するため必要があるとき、また、会社の債権者が取締役など役員の責任を追及するために必要があるときは、裁判所の許可を得れば、閲覧・謄写の請求をすることが可能です。

PART 8

知っておきたい
その他の関連知識

1 取締役の資格・選任

株主総会の決議で選任される

■ 取締役はどのように選任されるのか

取締役会は会社の経営方針を決定する機関です。ここでの判断を誤ってしまうと、会社の財政状況などが悪化し、経営の見通しが立たなくなります。不況が続いている現状を考えると最悪の場合は倒産といったことも考えられます。したがって、取締役会のメンバーである取締役に誰を選ぶのかは非常に重要な問題です。

取締役を選ぶ権限をもっているのは、出資者であり会社の所有者である株主です。株主は、会社の最高機関である株主総会に参加し、取締役を選任することで、会社の経営の方向をみずから定めていることになるわけです。なお、株主総会で取締役を選任する際には、普通決議を経なければなりません。したがって、たとえば、創業者である社長が、株主として過半数以上の議決権をもっていなければ、自分の意思だけで取締役を任命するといったことはできないということになります。

普通決議

議決権を行使できる株主のうち議決権の過半数をもつ株主が出席し、出席した株主の議決権の過半数によって行われる決議。

登記

不動産に関する権利関係や会社の重要事項について、登記所（法務局）という国の機関に備えている登記簿に記載すること。
企業と取引を行おうとする者が不測の損害をこうむることのないように、一定の事項について情報公開（公示）するためのシステムが商業登記制度である。

■ 取締役選任の効力

取締役選任の効力は、株主総会において選任の決議がなされ、取締役が就任を承諾したときに生じます。選任された取締役の氏名は、登記されます。取締役が株主総会で選任されることを条件にあらかじめ就任を承諾している場合は、株主総会での選任決議によって直ちに選任の効力が生じます。また、取締役選任の登記を怠っていると、会社と取引をしている第三者に対して自分が取締役だということを主張できなくなります。

取締役の員数（人数）・資格・任期

資格がない者
①法人 ②会社法、一般社団・財団法人法、金融商品取引法、倒産法（民事再生法、外国倒産処理手続の承認援助に関する法律、会社更生法、破産法）に定めた罪を犯し、刑に処せられ執行を終えた日または執行を受けなくなった日から２年を経過していない者 ③その他犯罪を犯し、禁錮以上の刑に処せられ執行を終えていない、または執行を受けないことになっていない者

員　数	１人または２人以上（取締役会を設置する場合には３人以上）
任　期	・原則→２年（定款・株主総会決議で短縮できる） ・例外１…指名委員会等設置会社等以外の非公開会社 　→最長10年まで伸長できる ・例外２…指名委員会等設置会社 →１年 ・例外３…監査等員会設置会社 　監査等委員以外の取締役 　→１年（監査等委員である取締役については２年）

■ 定款で資格を制限できる

たとえば、定款で、取締役を日本人に限定する定めを設けることができます。また、非公開会社（10ページ欄外参照）の場合は、取締役を株主に限定する定めを置くこともできます。ただ、公開会社の場合は、取締役を株主に限定する定めを置くことは許されません。

なお、取締役が未成年者であってもかまいません。ただ、未成年者は親などの同意がなければ１人で法律行為ができない立場にあるので、未成年者を取締役に選ぶことが適切かどうかをよく検討しなければなりません。また、成年被後見人や被保佐人が取締役などに就任するには、それぞれ、成年後見人、保佐人の就任の同意を得る必要があります。

一時役員・補欠役員

任期満了や辞任によって取締役が退任する場合、定員未満にならないように、株主総会ですぐに新しい取締役を選任してもらう必要がある。すぐに選任できない場合には、裁判所に取締役の業務を一時的に行う一時役員を選任してもらうことができる。
なお、欠員に備えてあらかじめ補欠役員を選任しておくこともできる。

取締役の辞任・解任

登記申請のために辞任届などが必要

■ 取締役を辞任するときは前もって届け出る

取締役は、任期の途中にいつでも辞任することができます。ただし、やむを得ない事由がなく会社に不利な時期に辞任したときは、会社に対して損害賠償責任を負う可能性はあります。辞任の意思表示は、通常は代表取締役に対して行います。代表取締役に対して行うことができない場合は、取締役会において辞任の意思表示をします。

代表取締役が辞任するときは、他に別の代表取締役がいれば別の代表取締役に、他に代表取締役がいなければ取締役会へ辞任する旨を申し出ます。辞任の申し出をした時点で辞任の効力が生じます。ただし、辞任に伴う役員変更登記の際に辞任届などが必要になります。役員変更登記は辞任の効力発生後、２週間以内に行います（本店所在地の場合）。登記申請をする場合、登記申請にかかる費用について登録免許税の納付が必要です。本店所在地での役員の変更登記であれば、１件につき３万円（資本金の額が１億円以下の会社については１万円）です。

取締役退任の登記が虚偽であった場合

虚偽の登記申請をした代表取締役は刑法上の「公正証書原本不実記載罪」に問われ、５年以下の懲役または50万円以下の罰金が科される。

■ 取締役が解任される場合とは

取締役は、通常、任期の満了によって退任しますが、任期の途中で辞任したり、解任させられることもあります。解任は、取締役を辞めさせることです。取締役を解任するには、原則として株主総会で決議する必要があります。

株主総会で解任決議をするためには、総株主の議決権の過半数にあたる株式をもつ株主の出席（定足数）を満たした上で、

辞任

自発的に辞めること。

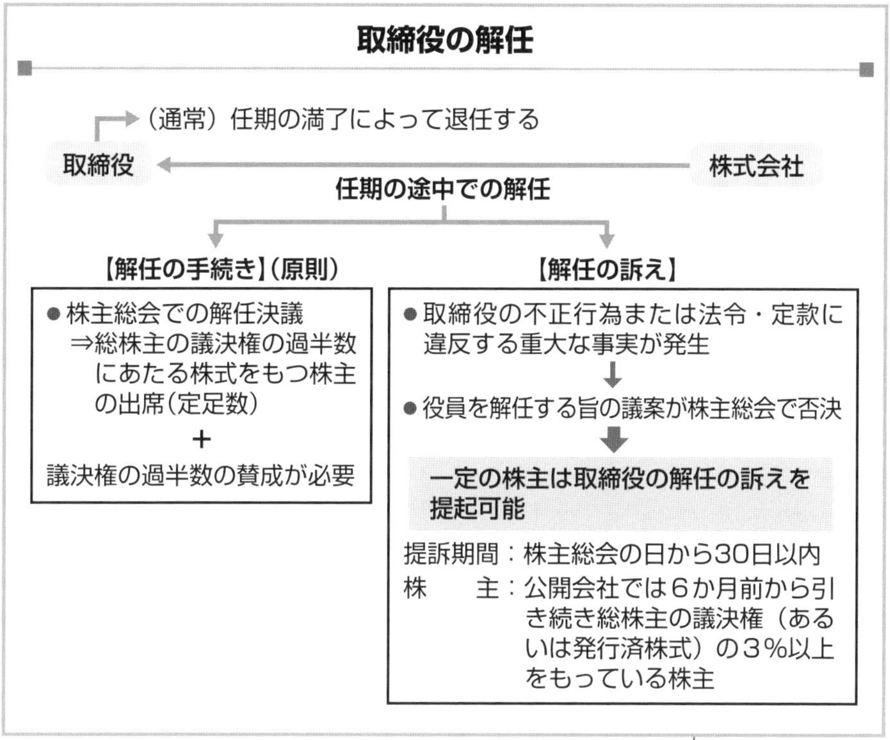

その議決権の過半数の賛成が必要です。なお、取締役の解任という重要な事項であるため、普通決議と異なり、定款変更によって定足数を減らすことができるのは、議決権の3分の1までとなっています。

ただ、解任することに正当な理由がない場合、会社は解任された取締役に対して損害賠償責任を負うこともあります。

■ 解任の訴えとは何か

取締役の不正行為または法令・定款に違反する重大な事実があったにもかかわらず、その役員を解任する旨の議案が株主総会で否決された場合、一定の要件を満たす株主は裁判所に取締役の解任を請求する訴えを提起することができます。

解任の訴えの期間や提起の要件

解任の訴えについて、提訴期間は総会の日から30日以内である。また、提起することができるのは、原則として、訴え提起の6か月前から引き続き総株主の議決権（または発行済株式）の3％以上をもっている者に限られる。

取締役の報酬

定款または株主総会で決定される

■ 報酬とは

報酬とは、職務執行の対価として会社から支給される財産上の利益のことです。金銭に限らず、現物報酬も含まれます。賞与も職務執行の対価といえますから、報酬と同じ規制に服します。

取締役の報酬を取締役会あるいは代表取締役が自由に決定できる「お手盛り」の弊害を防止するため、取締役の報酬は定款または株主総会で決定することになります。定款に定めがあればそれに従いますが、定款に定めがない場合、次の事項を株主総会で定めます。①報酬などのうち額が確定しているものについてはその額を定め、②報酬などのうち額が確定していないものについては、その算定方法を定め、③報酬などのうち金銭でないものについては、その具体的な内容を定めます。

なお、取締役の報酬が具体的に株主総会で決められた場合には、取締役と会社との間で報酬について契約が交わされたといえるので、取締役の同意がない限り、株主総会や取締役会の決議によって、減額したり不支給とすることはできません。いったん発生した報酬請求権は、取締役と会社との間で交わされた契約によって取締役にもたらされた既得利益といえるからです。

取締役個々の報酬額を決めることまでは義務付けられていないと考えられています。報酬の総額を決議し、それをどのように配分するかは取締役会に一任するのが一般的です。

また、令和元年の会社法改正により、取締役の報酬に関するルールが整備されました。具体的には、①監査役会設置会社のうち、公開会社かつ大会社であって、かつ有価証券報告書の提

減額や不支給とすることはできない

取締役の報酬が具体的に株主総会で決められた場合には、取締役と会社との間で報酬について契約が交わされたといえる。したがって、取締役の同意がない限り、株主総会や取締役会の決議によって、減額したり不支給とすることはできない。

取締役に使用人としての退職金を支払う場合

「退職慰労金」は、従業員に支払われる賃金の後払いや退職後の生活保障といった意味をもつとされる「退職金」とは違う。
使用人兼務取締役は使用人と取締役の両面を持っているので、退職する時は退職金と退職慰労金を支払う必要があるから、それぞれの規程に沿った給付が必要となる。

取締役の報酬決定のしくみ

● 指名委員会等設置会社以外

定款の定め
- あり → 定款の定めに従う
- なし → 株主総会の決議で定める
  個別の報酬については、取締役会（取締役会非設置会社は、取締役の過半数による決議）の決定に委任することができる

監査等委員会設置会社の場合、監査等委員である取締役の報酬とそれ以外の取締役の報酬とを区別して定める

報酬
- 監査等委員である取締役の報酬
- その他の取締役の報酬

● 指名委員会等設置会社

取締役の個別報酬について、報酬委員会が決定する

出義務を負う会社と、②監査等委員会設置会社は、取締役の個人別の報酬内容について、株主総会により決定されていない場合には、取締役会においてその方針を定めなければならず、その概要に関して公開する義務を負います。さらに、取締役に対して、株式などの金銭以外の内容を報酬にする場合には、株主総会決議によって、報酬として交付する株式の数の上限などを定めなければなりません。

■ 取締役の退職慰労金は株主総会で決定される

退職慰労金は社会一般の用語では「報酬」ではありません。しかし、退職慰労金は通常、報酬の後払い的性格を有するものであり、取締役会でこれを決定できるとすると、取締役らが不当に高額な退職金を給付してしまうおそれもあります。したがって、退職慰労金も「報酬」に含めて考えて、株主総会の決議が必要です。

退職慰労金に関して

実際の株主総会では、「退任した取締役に、当社の役員退職慰労金規程に従って相当額を支払う」と決議することが多い。ただ、このような決議をするには退職慰労金の具体的な額の算定基準が退職慰労金規程などではっきり決まっている必要があり、かつ株主がそれを閲覧できる状態になっていなければならない。

取締役の報酬として株式交付する場合

上場会社が、取締役に対して、株式の交付により報酬を支払う場合には、それに伴う金銭の払込みなどの出資を不要にすることが可能である。

4 監査機関による是正

経営者の職務が適切に行われているかどうかをチェックする

■ 監査機関にもいくつかある

株主による経営者（取締役・執行役）の不正行為などの是正という手段はありますが、会社に常駐しているわけではない株主が経営者を監督するのは簡単なことではありません。また、取締役会による経営者の監督も考えられますが、同僚による監督は十分な効果を期待できないこともあります。そこで、監査専門機関による是正が重要な役割を果たすことになります。

監査機関とは、監査役・会計監査人・指名委員会等設置会社の監査委員会・監査等委員会設置会社の監査等委員会のことです。その他、会計参与も取締役などの不正行為などを是正する一定の役割を果たします。これらの監査機関などによる経営者に対する是正手段としては、以下のものがあります。

① 取締役・執行役の不正行為などの報告

監査役は取締役の不正行為や法令・定款違反行為などがあった場合には、すぐに、そのことを取締役（取締役会設置会社では取締役会）に報告しなければなりません。指名委員会等設置会社の監査委員や監査等委員会設置会社の監査等委員の場合には、そのことを取締役会に報告しなければなりません。会計参与の場合は、株主（監査役設置会社では監査役、監査役会設置会社では監査役会、指名委員会等設置会社では監査委員会、監査等委員会設置会社では監査等委員会）に報告しなければならず、会計監査人の場合は、監査役（監査役会設置会社では監査役会、指名委員会等設置会社では監査委員会、監査等委員会設置会社では監査等委員会）に報告しなければなりません。

会計監査と業務監査

会計監査人は、公的な資格をもつ者として、専門的な見地から「会計監査」を行う。これに対して、監査役と指名委員会等設置会社の監査委員会、監査等委員会設置会社の監査等委員会の委員は、公的な資格は必要とされていない。また、非公開会社において監査役の監査内容を「会計監査」に限定した場合を除き、「会計監査」だけでなく、「業務監査」も行う。

監査役会

監査役会は３人以上の監査役で構成され、半数以上は、社外監査役（現行法では、過去に会社や子会社の役員などになったことがないまったく外部の監査役）でなければならない。また、監査役会は、監査役の中から常勤の監査役（フル・タイムで監査の職務に専念する監査役）を選定しなければならない。

監査機関などによる是正手段

	取締役・執行役の不正行為などの報告先	株主総会での報告	取締役・執行役の不正行為などの差止請求権
監査役	取締役・取締役会	取締役が株主総会に提出予定の議案・書類などの違法・不当事項についての報告義務	不正行為などの差止めを請求できる
監査委員	取締役会	なし	不正行為などの差止めを請求できる
監査等委員	取締役会	取締役が株主総会に提出予定の議案・書類などの違法・不当事項についての報告義務	不正行為などの差止めを請求できる
会計監査人	監査役（監査役会、監査委員会、監査等委員会）	計算書類についての意見陳述	なし
会計参与	株主（監査役、監査役会、監査委員会、監査等委員会）	計算書類についての意見陳述	なし

② 株主総会での報告

監査役は、取締役が株主総会に提出する議案・書類に、法令・定款違反や著しく不当な事項があるときは、その調査結果を株主総会に報告しなければなりません。会計参与は、取締役と共同で作成した計算書類などについて、取締役と意見が異なる場合、株主総会で意見を述べることができます。

③ 取締役・執行役の不正行為などについての差止請求権

取締役らが法令・定款違反行為をしたり、そのおそれのある行為をして、会社に著しい損害が生じるおそれがある場合、監査役は、取締役に対してそれらの行為を止めるよう請求できる他、裁判所に対して、それらの行為の差止めを申し立てることもできます。指名委員会等設置会社の監査委員、監査等委員会設置会社の監査等委員も、取締役・執行役に対して、同様の措置をとることができます。

監査等委員会設置会社の場合

監査等委員会設置会社の監査等委員についても、監査役と同様に、株主総会での報告義務が定められている。

会計監査人の報告権限

会計監査人は、計算書類などが法令･定款に適合するかどうかについて、監査役と意見が違っていた場合には、株主総会に出席して意見を述べることができる。

PART8
5

知っておきたい
その他の関連知識

会社の資金調達法

企業外から資金調達する「外部資金」が重要

■ どのような資金調達法があるのか

会社が事業を拡大していく上で、資金の調達は欠かせません。資金調達源は、企業内で調達する「内部資金」と企業外から調達する「外部資金」に分けることができます。

内部資金には、①会社の利益を株主の配当に回さないで事業のために使う場合、②減価償却費を使う場合があります。外部資金の調達方法としては、①債務を負う形で調達する方法（借入金、社債）と②増資する（新株発行）という方法があります。

減価償却費

機械設備などの固定資産の使用や時の経過による価値減少額を算定し、その金額を毎年度に費用として計上するもの。

内部資金による資金調達は外部資金を調達する場合と比べるとコストがかからないというメリットがありますが、内部資金だけで多額の資金を調達するのはなかなか難しいのが現実です。

一方、外部資金の場合、多額の資金調達を実現することが可能ですが、利息の支払や調達のための準備が必要になります。

ここでは、外部資金の調達方法についてみていきましょう。

社債をめぐる改正

従前から会社法には、社債権者のために社債の管理をする社債管理者の制度がある。しかし、社債管理者はその責任の重さなどから担い手が少ない上に、いざ利用するとなるとコストも高い。そこで令和元年会社法改正で、社債管理補助者の選任が認められた。具体的には、各社債の金額が１億円以上の場合など、社債管理者を設置せずに社債の管理を社債権者が行うことができる場合には、社債管理補助者に社債の管理を委託できるようになった。

■ 借入金・社債による資金調達

会社が債務を負担する形で行う資金調達の中で、最も単純なものは、銀行など特定の者から調達する借入です。

これに対して、広く一般の人に起債することによって調達するのが社債です。社債は、特定の者に対して発行することも可能ですので、会社法の社債発行手続に従った資金調達といったほうが正確です。銀行借入も社債も負債ですから、いずれ返済することになります。返済の際には利息を支払う必要があります。

資金調達手段

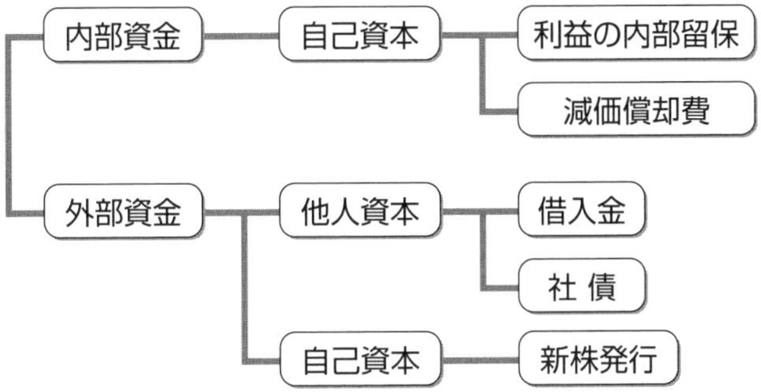

■ 新株発行はどんな場合にするのか

新株を引き受けた者が、会社に払込をすることによって資本が増加する場合です。負債と違って、返済することは前提とされていません（会社が解散する場合は残余財産が株主に返還されます）。新株の発行は、経営状況に応じてなされるものですから、所有と経営が分離している公開会社の場合、経営をになう取締役会が決定しますが、所有と経営が一致している非公開会社の場合には、株主総会が決定することになります。新株発行にもさまざまなパターンがあり、割当先や対価の支払いの有無で場合分けすることができます。会社が、株式を引き受ける者の募集をするときは、まず、募集株式の数やそれに対する払込金額、払込期日などの募集事項を決定しなければなりません。公開会社では取締役会の決議、非公開会社では株主総会の決議で募集事項を決定しますが、公開会社の場合でも、払込金額が株式を引き受ける者に特に有利な場合には、株主総会の決議が必要になります。

なお、新株予約権（次ページ）が行使された場合も、行使の際に支払った価格が新たに会社財産に加わります。

新株予約権

事前に決められた価格で株式を買い取ることができる権利

■ 新株予約権はどんな権利なのか

新株予約権とは、会社の株式を事前に決められた価格で会社から買い取ることができる権利のことです。買取りの対象は、新株でも、会社がすでに発行している自社株でもかまいません。

新株予約権を付与できる株式数、権利を行使できる期間については、会社側が自由に決めることができます。また、新株予約権が脅かされるような事態が生じた場合は、後述するように会社に対して予約権を買い取るように請求することもできます。

新株予約権を発行する際は原則として取締役会の決議が必要です。株式を公開していない会社は株主総会の決議が必要になりますが、株主総会で発行に関する主要な項目を決議すれば、具体的な項目の設定を取締役会に一任することも可能です。

新株予約権の発行に関するルールは株式と同じです。証券に関しては、不発行が原則となっています。新株予約権の行使は会社への請求と権利行使価格分のお金を払い込むことで完了します。最近では、ストックオプションとして新株予約権を発行することが増えています。その際には退職や新株予約権を行使できる期間を経過するなど、一定の条件が発生した場合は新株予約権が自然消滅したり、会社が無償で譲り受けて消却したりできるような規定が入るのが普通です。

■ 買取請求権を行使することができる

新株予約権は独立した財産権ですので、会社の都合で権利が脅かされるおそれが出てきた場合、予約権の保有者は会社に予

ストックオプション

あらかじめ決められた価格で自己株式を購入できる権利を役員や社員に与えること。市場での株価が上がった時点で権利を行使し、取得した株式を市場で売れば、売却価格と取得価格の差額が利益になる。利益を上げるためには株価を上げなければならない。株価を上げるためには会社の業績を上げる必要がある。そのためには、役員や社員は仕事に励む必要がある。このような理屈でストックオプションは士気向上に結びつくことになる。

新株予約権の発行手続きの原則的な流れ

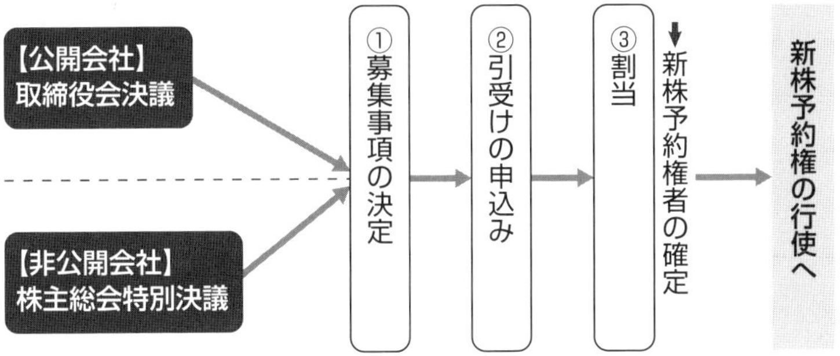

約権の買取りを請求することができます。以下のようなケースでは新株予約権者の買取請求が認められています。

・会社が組織変更した場合（会社法777条）
・合併により会社が消滅する場合（会社法787条、808条）
・会社分割により会社が分割する場合（会社法787条、808条）
・株式交換などにより会社がある会社の完全子会社になる場合（会社法787条、808条）

以上のような事由の場合に、会社は新株予約権の保有者に対してこれらの事由の効力発生日の20日前までに、もしくは、株主総会決議等の日から２週間以内（事由により異なります）に通知するか、公告しなければなりません。

新株予約権の保有者が買取請求をしてきた場合、会社は請求者と買取価格を協議します。買取金額で合意できた場合は、買取請求のきっかけになった事由の効力発生日、もしくは、設立会社の成立の日（事由により異なります）から60日以内に買取代金の支払が行われなければなりません。

親会社
他の企業（子会社）の経営権を実質的に支配している会社。子会社とされる株式会社の議決権のうち、過半数を所有している場合が親会社の典型例である。

子会社
他の会社（親会社）によって経営権を実質的に支配されている会社。ある会社（親会社）によって総株主の議決権の過半数を取得されている会社が子会社の典型例である。

親子会社
親会社と子会社の関係にある会社のこと。「Ａ社とＢ社は親子会社の関係にある」といった使い方をする。

PART8
7

知っておきたい
その他の関連知識

自己株式の取得

取得については規制をクリアし、法律に定められた手順で行う必要がある

■ 自己株式は原則として自由に取得できる

自己株式とは自社の株式のことです。会社は自己株式を取得して保有することもできます。自社株の取得が認められる理由は、株価対策や財務戦略といった点で会社にメリットがあるためです。ただし、自己株式の取得には、資本の空洞化などの問題もあるため、財源規制や、取得手続の限定など、一定の制限があります。

■ 取得するには財源規制がある

自己株式の取得には、法律上の規制がいくつかありますが、公開、非公開を問わず、すべての会社に適用されるのが、取得財源規制です。

取得財源規制とは、自己株式の取得は自社の分配可能額の範囲内で行わなければならないという規制です。合併などに反対する株主からの株式買取請求に応じて取得する場合などの例外を除いて、財源規制を満たさなければ自己株式を取得することはできません。自己株式の取得は、無償取得の場合を除き、株主に対して取得の対価を支払うことになり、会社の財産が流出します。したがって、自己株式の取得は株主に対して利益を分配する行為と考えられます。配当と同様の行為になるため、配当と同じく財源規制が設定されています。

他方、上場会社だけに適用される自己株式を取得する際の法律上の規制にインサイダー取引規制、相場操縦禁止規制、ディスクロージャー規制があります。これらはいずれも株式市場の

自己株式取得の意義

自己株式を取得する意義は以下のとおり。
・事業再編
現金の代わりに自己株式を交付する場合のように事業再編時の対価として活用できる。
・財務戦略
自己資本利益率、一株当たりの純利益である一株利益が上がる。また、配当金の支払総額を軽減する効果も期待できる。
・株価対策
需要と供給のバランスをとり、株価を安定させる効果が見込める。
・買収防衛策
敵対的買収を防ぐための自己株式活用法。
・ストックオプションの株式の確保
あらかじめ決められた価格で自己株式を購入できるストック・オプションを与え士気を向上させる。

ディスクロージャー規制

ディスクロージャーとは、投資家・債権者・従業員といった会社にとっての利害関係者に対して、会社の経営状態などの情報を提供すること。ディスクロージャーには、法律・規則による規制（会社法などの法律で定められた情報開示）と、投資家のための会社の経営情報の開示の2種類がある。

自己株式取得の問題と防止策

	デメリット	防止策
1	出資の払戻しによって会社の財産が流出してしまう（資本の空洞化）	財源規制を設ける
2	株式の相場操縦などに悪用される（不正取引）	金融商品取引法で規制する
3	一部の株主を特別扱いすることになる（株主間の不平等）	特定の株主から取得する場合の手続の厳格化など
4	現経営者の保身のために利用される（会社支配の歪曲化）	株主総会の信任

公平性を維持するための規制として、金融商品取引法に定められています。

■ 自己株式の権利内容について

自己株式の権利は通常の場合と比べて大幅に制限されています。自己株式をもつ当該会社には株主総会の招集を請求する権利や計算書類などを閲覧する権利など、株主が会社の経営に参加することを目的とする権利（共益権）はありません。

また、取得した自己株式には、剰余金の配当や残余財産の分配の請求といった株主が会社から経済的利益を受けることを目的とする権利（自益権）も認められません。

結局、自己株式に認められている権利は、株式の併合や株式の分割が行われたときに割当を受ける権利だけです。

■ 株主との合意による有償取得の手続

自己株式を取得できるケースの中でも株主との合意で有償取得するケースの手続きについて、以下見ていきましょう。

自己株式を取得するためには法律に従った手続きで取得する必要があります。株主を特定せずにすべての株主に機会を与え

インサイダー取引規制

投資判断に関する重要な情報が公表される前に、その情報を基にして有価証券の取引を行うこと。
取引の公正さや有価証券市場の健全性を保つために、インサイダー取引に対する規制が行われている。

株式の併合

数個の株式を合わせてそれよりも少数の株式とすること。

株式の分割

既存の株式を細分化して以前よりも多数の株式とすること。

る場合と、特定の株主から取得する場合とで手続が異なります。

株主を特定せずにすべての株主に機会を与える場合、まず、株主総会で、取得する株式の種類と数、取得の対価の内容と総額、取得できる期間を決議します。これを授権決議と呼ぶこともあります。そして、自己株式の取得の都度で、取得する株式の種類と数、対価の内容、譲渡の申込期日などを決議します。その後、株主に対し、自己株式取得に関する通知を行います。

他方、特定の株主から自己株式を取得する場合、より厳格な手続が必要となり、まず、株主総会の決議を行うことは同様ですが、特別決議が必要になります。そして、自己株式の取得の都度、株主総会（取締役会設置会社では取締役会）の決議を行います。その後、対象となる株主に対し、自己株式取得に関する通知を行います。特定の株主から自己株式を取得する場合は、他の株主には自分も対象に加えるように請求できる権利があります。

■ 市場からの取得などその他の注意点

株主との合意による有償取得についての、その他の注意点は以下のとおりです。

・相続人からの自己株式の取得

株式の保有者が死亡した場合などに、会社が保有者の相続人から取得するケースです。前述した特定の株主からの取得の一形態ということになるでしょう。非公開会社の場合、通常は株主が入れ替わることを予定していないこともあり、自己株式取得の手続きが緩和されています。非公開会社の場合は、原則として、他の株主には自分も自己株式取得の対象に加えるように請求する権利はありません。

・子会社からの株式の取得

子会社からの株式の取得は、授権決議を株主総会の特別決議ではなく普通決議（取締役会設置会社では取締役会の決議）で

特別決議

当該株主総会において議決権を行使できる株主の議決権の過半数（または定款で３分の１以上と定めたときはその割合）の株式をもつ株主が出席し、出席した株主の議決権の３分の２以上の多数（定款でこれを上回る割合を定めたときはその割合）の賛成により成立する決議のこと（会社法309条２項）。

自己株式の取得が認められるケース

会社が自己株式を取得できるケースは以下の13通り（会社法155条）。
①取得条項付株式の取得事由発生
②譲渡制限株式の譲渡についての取得請求
③株主との合意による有償取得
④取得請求権付株式の取得請求
⑤全部取得条項付株式の取得
⑥相続などによる取得者への売渡請求
⑦単元未満株式の買取請求
⑧所在不明株主の株式の買取り
⑨１株に満たない端数株式の取得
⑩事業の全部譲受けの際の、その会社保有の自己株式の取得
⑪合併消滅会社が保有する自己株式が継承される場合
⑫吸収分割により自己株式が継承される場合
⑬無償取得や合併の対価として受け取る場合など、会社法施行規則で認められている場合

自己株式の有償取得の手続き

授権決議
・有償取得する株式の種類・数・交付する金銭等の総額を決議
・1年を超えない範囲内の取得期間を決議
・譲渡人となる株主を定めることが可能

▶

取得の都度の決議
・有償取得する株式の種類・数
・一株当たりの取得価格を決定
・価額の総額を決定
・譲渡の申込期日を決定

▶

株主に対する通知または公告

▶

株主
譲渡の申込み

▶

会社
株式取得

行うことができます。

なぜならば、子会社が親会社の株式を保有していても、力関係上、適切な行使が期待できないからです。そのため、子会社としては、できるだけ早く親会社の株式を処分しなければなりません。そこで、親会社が子会社から株式を取得する場合には、比較的緩やかな手続きによって、株式を取得することが認められています。

・市場からの取得

自社株を株式市場に上場している会社であれば、市場から自己株式を取得することもできます。市場取引とは、株式市場で自己株式の買付けをすることです。

市場取引で自己株式を取得する場合は、株主総会の普通決議による授権決議は必要ですが、取得の都度の決議や株主への通知は不要です。さらに、定款に定めておけば、取締役会の決議だけで市場などからの自己株式を取得できます。市場を通して株式を取得するため、株主平等の原則が十分に担保できると考えられるからです。

公告
ある事項を広く一般に公開し、知らせること。たとえば、会社が事業年度ごとに貸借対照表などを官報や新聞に掲載するのが公告である。

株式公開買付制度

市場外で大量の株式を取得する場合、原則として公開買付けを行う

■ 公開買付制度のしくみ

公開買付制度とは、会社など株式を買い集めたい者が不特定多数の株主に対して公告を行うことにより、株式を買い付ける申込みを行い、株主に公平に売却の機会を与える制度です。株式の発行会社が、自己株式を取得する際に公開買付制度を利用する場合の他に、公開買付制度を利用して、株式発行会社以外の者が他社の株式を買い付ける場合があります。有価証券報告書の提出義務のある株式を上場している会社の株式を取引市場外で買い付ける一定の場合には、公開買付けをしなければならないことになっています。

そもそも取得したい株式数が非常に少ないときは、市場から買い付けることで足ります。また、大量に取得する場合であっても、特定の株主との間で取得するのであれば、公開買付制度は適用されません。

しかし、不特定多数の株主からの大量買付けになる場合は、市場で買い付けようとすれば、株価の急騰をはじめ、市場を混乱させるおそれがありますので、取引市場外での取引を選択せざるを得ません（時間外の市場取引による大量買付けは規制されています）。つまり、不特定多数の株主から大量の自己株式を取得する場合は原則として公開買付けを行うことになります。

■ どんな規制があるのか

公開買付制度は、一定期間に大量の株式を買い取ることができ、買収防衛のための自己株式取得の他にも企業買収などの事

取締役会決議による自己株式の取得

自己株式を相対で取得する場合は、株主総会の特別決議を必要とするのが原則である（会社法156条、309条2項）。しかし、会社法は、取締役会設置会社が定款で定めることにより、取締役会の決議だけで市場取引や公開買付けの方法によって株式を取得できると規定している（会社法165条2項）。公開会社は取締役会の設置が義務付けられているので、公開会社であれば、株主総会の決議以外の方法で自己株式を取得することができる。公開買付けによる自己株式の取得も、取締役会決議による自己株式の取得ということになる。

株式公開買付け

TOB（takeover bid）という。

公開買付けの流れ

- 公開買付けの開始公告（公開買付けの開始）
  - 開始公告の日に公開買付届出書を提出する
- 対象会社による意見表明報告書の提出
  - 公開買付者は意見表明報告書の質問に対して、対質問回答報告書を提出する
- 公開買付けの終了
  - 公開買付者は、応募株主に対して公開買付説明書を交付する
- 公開買付報告書を提出する

業再編に広く活用できます。したがって、既存の株主などの利害関係者の保護のために様々な規制が設けられています。

まず、公開買付者が買付けを始めることを公告してから10営業日以内に買付けの意見などを表明する「意見表明報告書」を公表しなければなりません。公開買付けに対する対象会社の意見が投資家に提供されることになるわけです。

全部買付けの義務もあります。公開買付けによって発行済み株式の３分の２を所有することになった場合、買付けに応募した株主全員から株式を買い取らなければなりません。上場廃止になった後に株主に不利益が生じるのを防ぐためです。

インサイダー取引規制も重要です。公開買付けを決めるのは、取締役会です。したがって、取締役会のメンバーが最初に公開買付けの事実を知る立場にもあるわけです。このような重要事実を発表前に利用して自社株式を売買し、利益を上げたとすると問題です。そこで、インサイダー取引を防止するために金融商品取引法は役員や主要株主の短期売買には利益の返還義務を設けると共に、違反者に対しては懲役・罰金といった刑事罰を科すことにしています。

公開買付けが義務付けられる場合

市場外で買付けを行った際、買付後の株式保有割合が5％を超える場合（著しく少数の者から買付けを行う場合を除く）、買付後の株式保有割合が3分の1を超える場合などに公開買付制度を使うことが義務付けられている。

インサイダー取引規制

投資判断に関する重要な情報が公表される前に、その情報を基にして有価証券の取引を行うこと。

9 定款の変更

原則として株主総会の特別決議が必要

■ 定款の変更とは

定款は会社の根本規則ですから、その内容を変更すれば会社の根本的な性質を変えることになる可能性もあり、出資者である株主にとっては重大事だといえます。そこで、定款を変更するには原則として、①議決権の過半数にあたる株式をもつ株主の出席と、②出席した株主の議決権の３分の２以上の賛成という２つの要件（特別決議）を満たすことが必要です。

ただし、定款の変更内容によっては特殊決議が必要になります。また、一定の事項の変更については例外的に株主総会決議が不要です（次ページ図の※参照）。

■ 定款を変更する主なケース

以下で示すようなケースで、定款の変更がなされます。

・商号変更を行った場合

商号は定款の絶対的記載事項ですから、それを変更するには、株主総会の特別決議が必要になります。

・目的の変更を行った場合

目的も定款の絶対的記載事項ですから、それを変更するには、株主総会の特別決議が必要になります。

・公告方法の変更を行った場合

定款で定められている公告方法を変更する場合も株主総会の特別決議が必要になります。

・本店移転を行った場合

定款の本店所在地は市区町村までの記載にとどめることも多

定款の規定に基づく特別決議の要件の修正

特別決議が成立するためには、原則として、①議決権の過半数にあたる株式をもつ株主の出席と、②出席した株主の議決権の３分の２以上の賛成という２つの要件が必要であるが、①の要件については、定款に定めることで、緩めることも厳しくすることもできる。他方、②の要件については、定款で定めることで要件をより厳しくすることができる。つまり、「議決権の４分の３以上の賛成」のように、要件を引き上げることも可能である。

通知や公告が必要な場合もある

定款の変更により、株主に対する通知や公告が必要になる場合もある。たとえば、取締役の決定（取締役会設置会社については、取締役会の決議）によって、定款を変更して単元株式数を減少する場合、または単元株式数についての定款の定めを廃止する場合には、株式会社は、当該定款の変更の効力が生じた日以後、遅滞なく、その株主に対して、定款を変更したことの通知または公告をしなければならない。

定款の変更手続き

株主総会の招集	取締役会決議または取締役の決定により株主総会を招集する。
↓	
定款の変更 （原則として特別決議）	定款の変更内容によっては特殊決議が必要になる。※ 定款の変更がある種類の種類株主に損害をもたらす場合、種類株主総会の決議が必要になる。
↓	
変更登記申請	定款の変更事項が登記事項にもあたる場合、変更登記申請も必要になる。

※　以下の決議は取締役会決議（または取締役の決定）で行うことが可能
・単一株式発行会社が株式分割に伴い分割の割合で発行株式総数を増加させる場合
・定款所定の単元株式数を減少する場合、または単元株式数についての定款の定めを廃止する場合

いのですが、その場合、同一市区町村内の本店移転であれば、定款の記載に変更はないため、株主総会の特別決議による定款変更は不要です。

■ 定款変更の流れ

実際に定款変更を行う場合、原則として株主総会を招集して株主総会決議を得ることになります。取締役会設置会社では、取締役会決議（開催せず省略する手続きも認められている）で招集事項を決定し、代表取締役が招集するのが一般的です。他方、取締役会非設置会社では、取締役の過半数の決議を経て、招集を決定します。

株主総会の招集手続きについては、株主の全員の同意があるときは、招集の手続きを経ることなく開催することができます。

定款変更の効力の発生時期については、株主総会の決議によって定款変更の効力が当然に生じます。変更事項が登記事項にも該当する場合、変更登記申請を行うことになります。

定款変更と４倍ルール

定款変更によって非公開会社が公開会社に変更した場合に、発行可能株式数は定款変更時の発行済み株式総数の４倍を超えてはならない（４倍ルール）。株式発行に一定の制約をかけるのが目的である。４倍ルールは、株式の発行が、原則として取締役会の決議で決定される公開会社について、株式発行に一定の制約をかけるのが目的であるため、定款変更で公開会社となる非公開会社も同様の規律に服する。

違法行為の差止請求権と株主代表訴訟

株主や監査役は事前に差止請求をすることができる

■ 株主の違法行為差止請求権

取締役が違法な行為をしようとしている場合、個々の株主は、会社のために、その行為をやめるように請求することができます。株主による違法行為差止請求が認められるのは、取締役が会社の目的の範囲外の行為や法令・定款に違反する行為をし、またはそのおそれがある場合で、その行為によって会社に著しい損害が生じるおそれがあるときです。監査役設置会社や指名委員会等設置会社、監査等委員会設置会社では、「回復することができない損害」発生のおそれがなければ、差止請求ができません。また、違法行為差止請求権は、公開会社の場合、6か月前から引き続き株式をもつ株主にだけ認められます。非公開会社の場合は、6か月の保有期間は不要です。

■ 監査役による違法行為差止請求権

監査役は、取締役会に出席することができますから、取締役の違法行為を見つけることができる地位にあります。そこで、監査役にも、取締役の違法行為差止請求権が認められています。

監査役の違法行為差止請求権は、取締役が会社の目的の範囲外の行為その他法律や定款に違反する行為をし、または、それらの行為を行うおそれがあり、その行為によって会社に著しい損害が発生するおそれがある場合に認められます。

■ 株主代表訴訟とは

個々の株主が会社に代わって取締役らの責任を追及する訴え

株主に責任追及できない

株主代表訴訟を起こした株主が敗訴した場合であっても、取締役に責任がないことを知っていた（悪意）場合でない限り、会社は、訴えを起こした株主に対して訴えによって会社に生じた損害賠償を請求することはできない。

担保の提供

金銭を供託所に対して預けること。裁判所は、取締役の主張通りに株主のその訴えが事実的・法律的な根拠のないものであると判断した場合には、担保の提供を原告である株主に求める。裁判所が原告に対して担保提供を命令した場合、原告が担保を提供しなければ株主代表訴訟は却下される。担保として提供される額は、取締役一人に対して、数百万円〜1000万円程度になることもある。

株主代表訴訟（責任追及等の訴え）

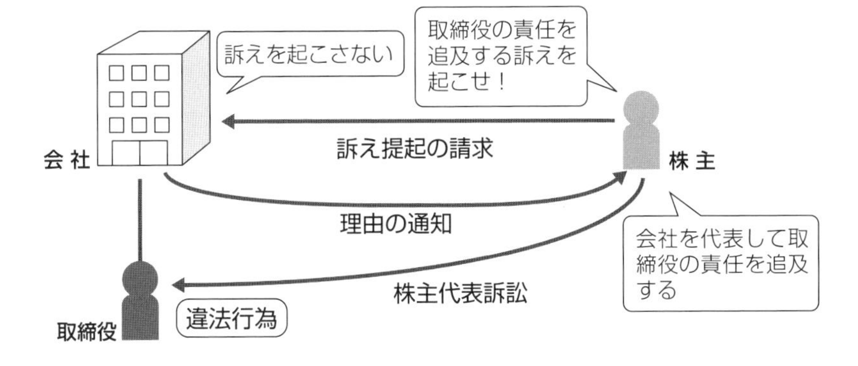

が株主代表訴訟です。会社法では、責任追及等の訴えという名称で規定されています（会社法847条）。

株主が会社に、違法行為を行った取締役に訴えを起こすことを求めたにもかかわらず、請求の日から60日以内に、会社として取締役に対して訴えを提起しない場合に、株主から責任追及等の訴えを提起されることになります。株主代表訴訟の被告となった取締役は、株主の訴えに事実的・法律的な根拠がないと考えるならば、訴訟の係属している裁判所に対して、原告に担保の提供を命じるように請求することができます。

また、株主代表訴訟であっても和解はできます。和解とは、紛争の当事者がお互いの主張を譲歩し合って、紛争を決着させることです。株主代表訴訟で和解すると、取締役の責任追及の一部ができなくなるというデメリットがありますが、その反面で、訴訟を早期に解決することができるというメリットがあります。なお、株式会社が株主代表訴訟において和解を行うためには、たとえば、監査役設置会社であれば、監査役（２人以上いる場合は、各監査役）の同意を得るなどの手続きが必要になります。

株主代表訴訟における和解に関する同意

本文記載の監査役設置会社以外に場合には、以下の者の同意が必要になる。
・監査等委員会設置会社
各監査等委員の同意が必要である
・指名委員会等設置会社
各監査委員の同意が必要である

取締役が負う義務と責任

忠実に職務を執行しなければならない

■ 善管注意義務と忠実義務

取締役になった以上、委任の趣旨である株式会社の取締役の地位にある者に通常要求される注意義務をもって、誠実に職務を遂行しなければなりません。法律上、これを善管注意義務と呼んでいます。

また、会社法355条は、「取締役は、法令及び定款並びに株主総会の決議を遵守し、株式会社のため忠実にその職務を行わなければならない」と定めています。これを忠実義務と呼んでいます。善管注意義務と忠実義務は同じ内容のものと考えてかまいません。

■ 会社に対して損害賠償責任を負う

取締役が注意義務や忠実義務に違反した場合には、債務不履行責任として、民法上の損害賠償責任を負います。しかし、民法上の責任だけでは不十分なため、会社法は、任務を怠って会社に損害を与えた取締役に対して、特に損害賠償責任を課しています。これを任務懈怠責任といます。

任務懈怠とは、文字通り、取締役がその任務を怠ることをいいます。任務懈怠とは、言い換えれば善管注意義務・忠実義務に違反することです。具体的には、競業避止や利益相反取引の規制に関する違反、法令・定款違反など、会社の取締役の地位にある者に通常要求される注意義務を欠いたと考えられる行為はすべて含まれます。

任務懈怠責任は、過失責任です。取締役が注意を怠らなかっ

忠実義務違反とされる例

たとえば、代表取締役の指示で破たんしそうな子会社に対して融資を継続し、自分の会社に損害を出してしまったような場合で、貸付先に倒産が差し迫っていることを十分知りうる立場にありながら、特段の債権保全措置をとらずに、「代表取締役の意向だから」と多額の貸付を了承した取締役の行為は違法とした裁判例もある。この他、社長の失脚を意図して、雑誌の記者に社内機密を漏えいした場合には、会社の利益を犠牲にして、自分の利益を図ったとして、忠実義務違反を問われる。

過失責任

不注意があった場合にだけ負う責任。

取締役の第三者に対する責任

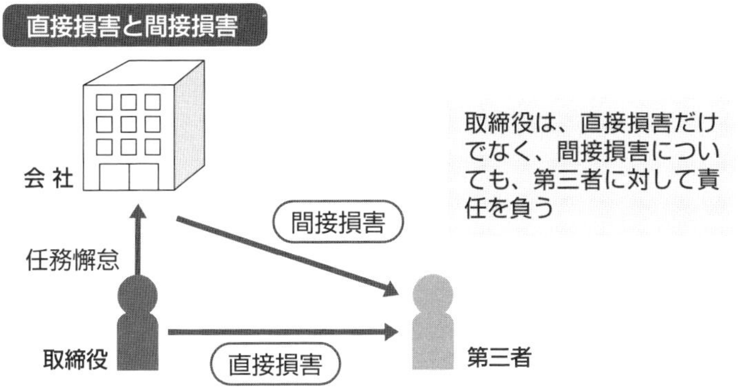

責任を負う者の拡張

- **名目的取締役** …取締役として選任されているが、取締役の任務に就かない者（肩書きだけの取締役）
- **表見的取締役** …実際には取締役の地位にないが、登記簿上、取締役とされている者
- **事実上の取締役** …取締役の地位にないが、会社を支配するなど実質的に取締役といえる者

たことを立証（証明）すれば責任を免れることができます。

任務懈怠のあった取締役自身が責任を負うのは当然です。その他、取締役の任務懈怠行為が取締役会決議にもとづいてなされた場合には、その決議に賛成した取締役も、決議への賛成について任務懈怠があれば、同じ責任を負います。ただし、役員の会社に対する責任は、免除・減軽されることもあります（66ページ）。

■ 経営上の判断と任務懈怠

会社経営にはリスクがつきものです。取締役の経営判断が結果として誤っており、会社の利益のために行ったはずの行為が

経営判断の原則

経営判断の原則に関して、取締役の経営判断が行われた当時の状況や、取締役の能力からみて、経営上の判断が著しく不合理であったといえる場合には、任務懈怠があったものとして、会社に生じた損害を賠償する責任を負うことになる。

必ずしも会社の利益に結びつかない、あるいは、かえって会社に損害を与えてしまったということも、十分にありえるのです。

そこで、結果的に会社に損害が発生してしまった場合であっても、業務執行が合理的な手続に従って誠実になされていたといえるときには、会社に対する損害賠償責任を問われることはないとされています。これを経営判断の原則といいます。合理的な手続で誠実に業務が執行されている以上、取締役の任務懈怠があったとはいえないからです。

第三者に損害が発生するケース

第三者に損害が発生するケースとしては、取締役の行為によって直接第三者が損害を被る場合（直接損害）が挙げられる。また、取締役の行為から1次的に会社が損害を受け、その結果として2次的に第三者が損害を受ける場合（間接損害）がある。たとえば、取締役の任務懈怠によって会社が倒産したため、会社に金銭を貸し付けていた人が貸金を回収できなくなったというような場合が間接損害の例である。

■ 第三者に対する責任とは

取締役の任務懈怠行為によって、会社以外の第三者（株主や会社債権者）に損害が発生した場合、取締役は、その第三者に対しても特別の責任を負います。株式会社は経済社会の中で重要な地位を占めており、しかも、その活動は取締役ら役員の職務執行に大きく左右されます。取締役の任務懈怠があれば、会社だけでなく、第三者にも多大な損害を与える危険があるのです。

そこで、会社法は、第三者を保護するために、取締役が直接、第三者に対して損害賠償責任を負う場合があることを認めています。取締役が自らの任務懈怠を認識し（悪意）、または重大な不注意によって認識できなかった場合に、それによって第三者が受けた損害を賠償する責任を負います。

■ 役員等賠償責任保険（D&O保険）とは

役員等賠償責任保険とは、株式会社が保険会社との間で、役員などのために締結する責任保険をいいます。Directors and Officersの頭文字をとって、D&O契約とも呼ばれています。

取締役をはじめ、株式会社の役員などは、職務を遂行するにあたって、株式会社に対して損害賠償責任などを負担する場合があります。D&O契約を締結している場合、役員などの行為により生じる損害について、保険会社が補填することになりま

D&O契約

役員などがD&O契約があるために、安易に株式会社に損害を与える行動をとることを制限する必要がある。会社法は、取締役あるいは執行役を被保険者とするD&O契約について、これらの者が利益相反取引によって株式会社に対して、損害を与えた場合には、D&O契約による補償の対象外であると規定している。また、役員などが自己と会社との間の取引を行う場合についても、これにより生じた損害については、D&O契約による補償を受けることができない。

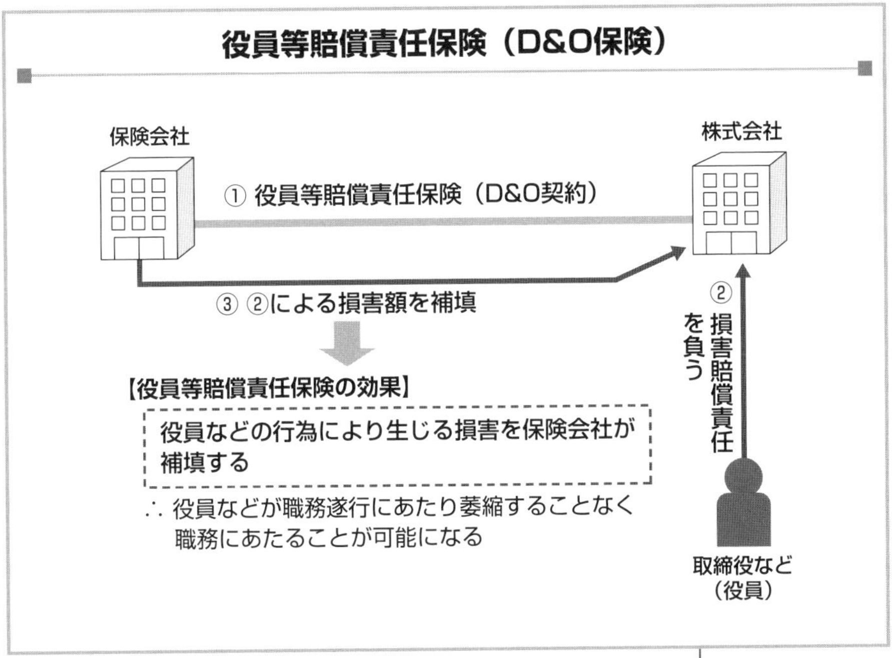

す。これにより、役員などが職務遂行にあたり萎縮することなく、職務にあたることができるという効果が期待できます。

■ 補償契約（会社補償）とは

補償契約とは、役員などが負担する一定の費用の全部あるいは一部について、株式会社が補償するという内容の契約をいいます。具体的には、役員などが職務遂行にあたって、会社法をはじめとする法令の規定に違反した疑いを持たれ、株主代表訴訟（責任追及等の訴え）を提起された場合に、それに対処するためにかかった費用について、補償契約に基づき、株式会社による補償を受けることができます。また、役員などが職務遂行にあたり、第三者に対して損害を与えた場合に、役員などが第三者に対して負担する損害賠償費用や、和解が成立した場合に支払う和解金などの損失についても、株式会社が補填します。

補償契約

株式会社が補償する金額は、役員などが負担する費用のうち、通常必要と考えられる費用の範囲内に限られる。また、役員などが利益相反取引などにより株式会社に損害を与えたことにより、負担する損害賠償責任については、補償の対象外である。役員などが職務を行うにあたり、意図的に（故意）、あるいは、重大な落ち度（重大な過失）により損害賠償責任を負担する場合にも、補償の対象外になる。

取締役の会社に対する責任の免除・軽減

責任限定契約など責任軽減の方法はある

■ 取締役の責任の免除・軽減

取締役などの役員には株主代表訴訟により高額の損害賠償請求がなされるなどのリスクがあります。そこで、役員の職務執行が萎縮することを避けるため、総株主の同意による責任免除以外にも、一定の責任軽減の制度が設けられています。

①　株主の同意による責任の免除

総株主の同意があれば、取締役ら役員の任務懈怠による責任、利益供与による責任を免除することができます。

また、違法な剰余金配当による責任も、分配可能額の範囲に限って免除することができます。

> **一部免除の限度額**
> 賠償額から次に示す一定の額の合計額を控除した額を限度として取締役の会社に対する責任を免除することができる。
> ・取締役が在職中に会社から受ける報酬などの６年分（代表取締役の場合）、４年分（代表取締役以外の取締役の場合）、２年分（業務を執行しない取締役の場合）
> ・取締役が新株予約権を引き受けた場合のその利益に相当する額

②　株主総会決議による責任の軽減

任務懈怠による取締役らの責任については、取締役ら役員が職務を行う際に善意であり（知らずに）、かつ、重大な過失（不注意）がない場合には、株主総会の特別決議により、その責任の一部を免除すること（つまり責任の軽減）ができます。免除されるのは、賠償責任を負うべき額から一定額を差し引いた額を限度とします。なお、責任軽減の議案を株主総会に提出する場合には、監査役全員の同意がなければなりません。

③　取締役会決議による責任の軽減

取締役が２人以上いて監査役を設置する会社、監査等委員会設置会社、指名委員会等設置会社は、定款で定めれば、取締役会決議で役員の任務懈怠に基づく責任を一部免除（軽減）することもできます。取締役会非設置会社の場合は、責任を負う取締役以外の取締役の過半数で、責任の一部免除を決定します。

役員などの責任を免除・軽減する制度

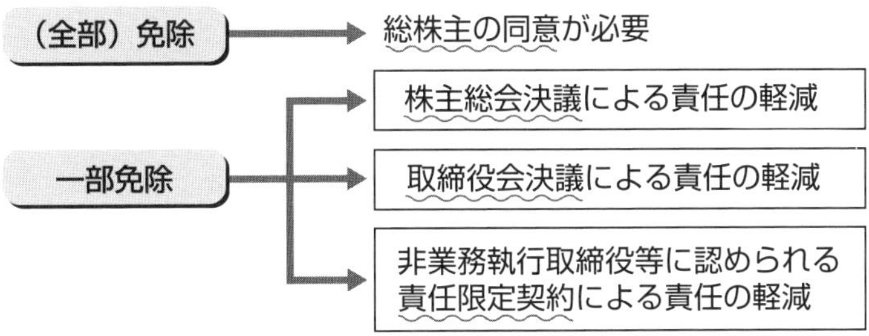

②の場合と同様、取締役ら役員が職務を行う際に任務懈怠を知らず（善意）、かつ知らないことについて重大な不注意（重過失）がないことが必要です。また、免除が認められる限度額も、②の場合と同じです。

④　責任限定契約による責任の軽減

業務執行取締役以外の取締役、会計参与、監査役、会計監査人と任務懈怠の責任を限定する契約（責任限定契約）を締結できます。自ら業務を執行しない取締役などは、自分のリスクを十分にコントロールすることができず、過大な責任を負うとすると、取締役などへの就任を躊躇することにもつながりますので、あらかじめ責任を限定しておく方法が認められているわけです。

任務懈怠に基づく責任については、あらかじめ責任を限定する契約（責任限定契約）を会社との間で結ぶことができます。職務を行う際に、非業務執行取締役などが任務懈怠を知らず（善意）、かつ知らないことについて重大な不注意（重過失）がない場合には責任限定契約を結ぶことができる旨を定款に定めることができます。この契約を締結した場合、定款で定めた範囲内であらかじめ会社が定めた額と前述した②の責任限度額のどちらか高い方を限度として責任を負うことになります。

取締役会決議による責任の軽減

取締役会決議において、役員などの責任の免除が認められるのは、責任の原因となった事実の内容、役員の職務の執行状況などを考慮して、特に必要がある場合に限られる。

責任限定契約の対象者

社外取締役に限らず、業務執行に関与せず、もっぱら経営に対する監督を行うことが期待される者については、事前にリスクを限定することが可能になっている。

Column

金融商品取引法に違反した者の議決権行使

金融商品取引法に違反した手続きによって株式を取得した者に対しては、刑事罰や課徴金などの制裁の対象となります。しかし、現行の会社法の下では、金融商品取引法の規制に違反して取得した株式を取得した者が株主総会で議決権を行使することは特に制限されていません。

平成26年成立の会社法改正のための法制審議会では、金融商品取引法に違反して取得した株式についての議決権行使の差止請求の制度を創設することが検討されていました。具体的には、公開買付けを義務づける規制などに違反し、その違反が重大であるときは公開買付けにより取得した株式について他の株主が議決権行使の差止請求をすることができるというものです。また、差止請求は、違反の事実があった時から１年以内に理由を明らかにして行わなければならないものとして検討されていました。

しかし、平成26年成立の会社法改正では、法案審査の段階で、この差止請求の創設については見送られました。議決権の行使は株主の基本的な権利であり、金融商品取引法の公開買付け規制に違反したからといって、損害賠償請求等による損害の回復を超えて、議決権行使の差止請求権まで認めるのは相当ではないという意見が重視されたものと考えられます。なお、令和元年成立の会社法改正では、法制審議会でも主な検討対象とはなりませんでした。

金融商品取引法は、金融商品取引の公正や投資家の保護などを目的とする法律ですが、公開買付け規制については、支配株主の変動に関する規制であり、企業統治にも大きく関わります。金融商品取引法と会社法の整合性については、今後も大きな論点になると思われます。

PART 9

株主総会事務に役立つ！実務書式集

書式１　議決権行使書面

議決権行使書

株式会社○○ 御中

私は、令和○年○月○日開催の株式会社○○の第○期定時株主総会の各議案につき、下記（賛否を○印で表示）のとおり議決権を行使いたします。

継続会または延会となった場合にも、下記のとおり議決権を行使いたします。

議決権の数　○○個

原案に対し

第１号議案		第２号議案		第３号議案	
賛成	反対	賛成	反対	賛成	反対

株主　　住所　千葉県○○市○○１丁目２番３号

氏名　○○○○　（届出印）

※押印は届出印を押してください

書式2　議決権の代理行使に関する委任状例

委　任　状

令和　　年　　月　　日

株式会社星光商事　御中

ご住所	（〒　　—　　）	（お届印）
お名前	（ふりがな　　　　）	

私は、以下の者を代理人と定め、本状記載事項を委任します。

代理人

住所：

氏名：

委　任　事　項

令和○年５月27日開催の貴社臨時株主総会（継続会または延会を含む）に出席して、議決権を行使すること。

以上

書式３　受任承諾書

受任承諾書

株式会社○○

代表取締役　○○○○　殿

私は、別紙委任状による下記株式に基づき、代理人として令和○年○月○日開催の株式会社○○の第○期定時株主総会並びにその継続会及び延会に出席し、議決権を行使することを承諾します。

記

受任した議決権数　○○個

委任株主数　○○名

令和○年○月○日

受任者　（住所）東京都○○区○○３－２－３

（氏名）○○○○　㊞

書式4　株主総会参考書類

株主総会参考書類

議案及び参考事項

第1号議案　第○期（令和○年4月1日から令和○年3月31日まで）計算書類の承認の件

会社法第438条第2項に基づき、当社第○期の計算書類のご承認をお願いするものであります。

議案の内容は、添付書類○頁から○頁までに記載のとおりであります。

なお、取締役会といたしましては、計算書類が法令及び定款に従い、会社の財産及び損益の状況を正確に示しているものと判断しております。

第2号議案　取締役3名選任の件

取締役3名全員は、本総会の終結の時をもって任期満了となります。つきましては、取締役3名の選任をお願いするものであります。

取締役候補者は次のとおりであります。

氏名 （生年月日）	略歴その他	所有する当社の株式の数（普通株式）
星　光男 （昭和○年4月4日生）	平成○年○月 株式会社○○○入社 平成○年○月 当社創業 平成○年○月 当社代表取締役社長就任 （現任）	100株
崎岡　円蔵	〈略〉	〈略〉
井田　善治	〈略〉	〈略〉

事業報告

（令和○年○月○日から令和○年○月○日まで）

１．事業の概況

⑴　事業の経過及びその成果

当事業年度におけるわが国の経済は、好調な企業収益や設備投資の増加を背景に緩やかな景気回復基調で推移しましたが、自然災害等に起因する一時的な経済活動の低下や、原油をはじめとする原材料価格の高騰など、先行きに対して不透明感が台頭する状況となりました。

〈以下、事業の経過及びその成果の詳細につき省略〉

⑵　会社が対処すべき課題

当期は、実績面において、順調なテンポを刻んで所期の業績をあげることができましたが、来期も先行き景気の不透明感と○○業界をとりまく動向及び一般消費動向も依然として厳しい局面が予測されております。

〈以下、会社が対処すべき課題の詳細につき省略〉

なお、今後とも企業活動における情報の開示などコンプライアンスについても、一層力をいれていきます。

⑶　設備投資の状況

当社の当事業年度の設備投資については、○○事業における情報処理能力の増強を目的とし実施しました。当事業年度の設備投資等の総額は、○○○○千円（建物、器具及び備品、ソフトウェアなどへの投資であり、リース資産の取得リース料総額○○○○千円を含みます）となっています。

〈以下、設備投資の状況の詳細につき省略〉

⑷　資金調達の状況

設備投資に必要な資金、その他所要資金は手元資金によって充当いたしました。

⑸　財産及び損益の状況の推移

第○期から第○期（当事業年度）までの営業収益、経常利益、当期純利益、1株当たり当期純利益、総資産、純資産は、別表のとおりです。

〈別表につき省略〉

2．会社の概況

⑴　おもな事業内容

当社は、主として個人の一般投資家を対象とする○○事業を行っております。

⑵　主要な事業所

①　本社　東京都○○区○○1－2－3

②　支店及び営業所

〈以下、支店及び営業所の詳細につき省略〉

⑶　従業員の状況

従業員数○○名、平均年齢○○歳○月、平均勤続年数○○年○月

⑷　主要な借入先

借入先 ○○銀行、借入金残高○○○○千円

借入先が有する当社の株式〈借入先及び保有株式数につき省略〉

⑸　株式に関する事項

①　発行可能株式　○○○○株

②　発行済株式総数　○○○○株

③　株主数　○○○名

④　大株主

〈以下、大株主の詳細につき省略〉

⑹　取締役及び監査役

下表のとおり〈取締役及び監査役の氏名につき省略〉

（注）当期中の取締役の異動については次のとおりです。

〈取締役の就任・退任の状況につき省略〉

3．決算期後に生じた会社の状況に関する重要な事実

特に記載すべき事項はありません。

書式6　株主総会招集期間短縮の同意書

株主総会招集期間短縮の同意書

株式会社○○
代表取締役　○○○○　殿

私は、株式会社○○が第○期定時株主総会を開催するにあたり、会社法第299条第１項に定める通知期間を置かないで開催手続きを進めることについて同意いたします。

令和○年○月○日

株主（住所）東京都○○区○４－５－６
（氏名）○○○○　届出印
持株数　○○株

書式７　株主総会招集通知例

令和○年５月10日

株　主　各　位

〒×××－××××
東京都××区××五丁目２番１号
株式会社　星光商事
代表取締役社長　星　光男

第○回定時株主総会招集ご通知

拝啓　ますますご清栄のこととお喜び申し上げます。

さて、当社の第○回定時株主総会を、下記のとおり開催いたしますので、ご出席くださいますようご通知申し上げます。

なお、当日ご出席願えない場合は、代理人（ご親族又は議決権を有する当社の株主に限ります）によって議決権を行使することができますが、その場合は、同封の委任状用紙に当会社へお届けいただいているご印鑑をご捺印の上、令和○年５月20日（○曜日）までに当社へ到着するよう、ご返送をお願い致します。

敬具

記

１．日　時　令和○年５月27日（○曜日）午前10時00分から
（受付　午後９時45分から）

２．場　所　東京都××区××五丁目２番１号　××ビル７階
当社本店第×会議室

３．第○回定時株主総会の目的である事項

報告事項　　第○期（令和○年４月１日から令和○年３月31日まで）事業報告の内容報告の件

決議事項

第１号議案　第○期（令和○年４月１日から令和○年３月31日まで）計算書類の承認の件

第２号議案　取締役３名選任の件

上記各議案の内容等は、同封の「株主総会参考書類」に記載のとおりです。

以上

書式８　書面投票制度を採用する場合の株主総会招集通知

令和○年○月○日

株主各位

東京都○○区○○１丁目２番３号
○○株式会社
代表取締役社長　○○　○○

第○回定時株主総会招集ご通知

拝啓　ますますご清栄のこととお喜び申し上げます。

さて、当社第○回定時株主総会を下記により開催いたしますので、ご出席くださいますようご通知申し上げます。

なお、当日ご出席願えない場合は、以下のいずれかの方法によって議決権を行使することができますので、お手数ながら後記株主総会参考書類をご検討いただき、令和○年○月○日（○曜日）営業時間終了（午後○時）までに議決権の行使をしていただきたくお願い申し上げます。

〔書面による議決権行使の場合〕

同封の議決権行使書用紙に賛否をご表示いただき、上記行使期限までに到着するようご返送ください。

〔電磁的方法（インターネット）による議決権行使の場合〕

インターネットによる議決権行使に際しましては、○頁記載の「インターネットによる議決権行使のご案内」をご参照の上、当社指定の議決権行使ウェブサイト（http://www.○○）にアクセスしていただき、同封の議決権行使書用紙に記載された「議決権行使コード」及び「パスワード」をご入力の上、画面の案内に従って、議案に対する賛否をご入力ください。

敬具

記

1．日　　時　令和○年○月○日（○曜日）午前○時～
　　　　　　（受付　午前○時～）

2．場　　所　東京都○○区○○一丁目２番３号　当社本店会議室

3．目的事項

報告事項

第○期（令和○年○月○日から令和○年○月○日まで）事業報告の件

決議事項

第1号議案　第○期（令和○年○月○日から令和○年○月○日まで）計算書類の承認の件

第２号議案　定款一部変更の件

第３号議案　取締役３名選任の件

4．招集にあたっての決定事項

当社は、以下の事項をインターネット上の当社ウェブサイト（http://www.○○）に掲載しておりますので、法令及び当社定款第○条の規定に基づき、本招集ご通知及び添付書類には、当該事項は記載しておりません。

〈以下、該当事項につき省略〉

5．議決権の行使に関する事項

(1)　議決権行使書面において、各議案に賛否の表示がない場合は、賛成の表示があるものとさせていただきます。

(2)　書面による議決権行使と、インターネットによる議決権行使とにより、重複して議決権を行使された場合は、後者を有効とさせていただきます。

(3)　インターネットによる議決権の行使を複数回された場合は、最後に行われた議決権行使を有効とさせていただきます。

【インターネットによる議決権行使のご案内】

〈以下、省略〉

書式９　取締役会議事録例（定時株主総会の招集決定）

取締役会議事録

１．日　時　　令和○年５月９日（土曜日）午前10時～午前11時
２．場　所　　東京都××区××五丁目２番１号　当社本店会議室
３．出席者
　取締役　星光男、崎岡円蔵、井田善治（３名中３名出席）
　監査役　村田一郎（１名中１名出席）

なお、崎岡円蔵取締役は、東京都××区××一丁目２番３号の当社○○支店会議室からテレビ電話会議システムを用いて出席した。

４．議　事

代表取締役社長星光男は、当社定款第○条の規定により、議長となり、開会を宣し、議事に入った。

なお、議事に先立って、テレビ電話会議システムは、出席者の音声が即時に他の出席者に伝わり、適時的確な意思表示が互いにできるしくみとなっていることが確認された。

第１号議案　第○期（令和○年４月１日から令和○年３月31日まで）に関する計算書類等承認の件

本議案の審議に先立ち、議長が監査役村田一郎に報告を求めたところ、監査役村田一郎は、次のとおり監査報告に基づき報告を行った。

・第○期事業報告及びその附属明細書は、法令・定款に従い会社の状況を正しく示しているものと認める。また、取締役の職務の執行に関する不正の行為又は法令・定款に違反する重大な事実は認められない。
・第○期計算書類及びその附属明細書は、会社の財産及び損益の状況をすべての重要な点において適正に表示しているものと認める。

ついで、議長は議場に第○期事業報告、事業報告の附属明細書、第○期計算書類（貸借対照表、損益計算書、株主資本等変動計算

書、個別注記表）及び計算書類の附属明細書を提出し、その承認の可否を諮ったところ、出席取締役は全員異議なくこれを承認可決した。

第２号議案　第○回定時株主総会招集の件

議長は、第○期事業年度に関する第○回定時株主総会を下記の要領で開催したい旨を述べ、議場に諮ったところ、出席取締役は全員異議なくこれを承認可決した。

記

(1)　日　時　　令和○年５月27日（○曜日）午前10時から
　　　　　　　（受付　午前９時45分から）

(2)　場　所　　東京都××区××五丁目２番１号××ビル
　　　　　　　当社本店第×会議室

(3)　第○回定時株主総会の目的である事項

報告事項　　第○期（令和○年４月１日から令和○年３月31日まで）事業報告の内容報告の件

決議事項

第１号議案　　第○期（令和○年４月１日から令和○年３月31日まで）
　　　　　　　計算書類の承認の件

第２号議案　　取締役３名選任の件

上記議案の内容などは、別紙「第○期定時株主総会招集通知」記載のとおり。

議長は、以上をもって本日の全議案の審議を終了した旨を述べ、閉会を宣した。

上記議事の経過の要領及びその結果を明確にするため、本議事録を作成し、出席取締役及び出席監査役の全員が記名押印する。

令和○年４月30日

株式会社星光商事　取締役会

取締役会で代表取締役を選定した場合は、会社代表印を押印する（登記申請の便宜のため。本議事録では代表取締役を選定していないので認印でも可）

議　　　　長
代表取締役社長　星　光男　印（認印でも可）

出席取締役　崎岡　円蔵　㊞

出席取締役　井田　善治　㊞

出席監査役　村田　一郎　㊞

書式10　議案の要領の記載方法

決議事項

第１号議案　第○期（令和○年○月○日から令和○年○月○日まで）の計算書類の承認の件

第２号議案　定款一部変更の件

令和○年○月頃より○○事業を開始する予定であるため、定款第２条（目的）を次のとおり改めたいと存じます。

（目的）

第２条　本会社は、次の事業を営むことを目的とする。

１．○○の製造及び販売

２．××の輸入及び販売

３．前各号に附帯または関連する一切の事業

第３号議案　取締役選任の件

本総会終結のときをもって取締役山田太郎が任期満了となりますので、取締役１名の選任をお願いしたいと存じます。

取締役候補者は、以下のとおりであります。

氏名 （生年月日）	略歴 （当社における地位及び担当）	保有する 当社の株式数
佐藤次郎 （昭和○○年○月○日）	昭和○○年３月　○○大学経済学部卒業 昭和○○年４月　当社入社 平成○○年１月　当社経営企画室長就任 平成○○年６月　常務取締役就任	－

書式11　議案の訂正通知

令和○年○月○日

株主各位

東京都○○区○○１丁目２番３号
株式会社○○
代表取締役社長　○○○○

第○期定時株主総会招集ご通知の一部訂正について

拝啓　ますますご清栄のこととお喜び申し上げます。

さて、当社第○期定時株主総会につきまして、本年○月○日付で発送いたしました招集ご通知の参考書類の一部に誤りがございました。

謹んでお詫び申し上げますと共に、下記のとおりご訂正し、ご通知申し上げます。

敬具

記

訂正箇所

招集通知の添付書類○頁「決議事項　第１号議案　計算書類の承認の件」における、以下の事項を訂正いたします。

（正）

営業利益　　１８，３１５，５６３

（誤）

営業利益　　１８，３１５，５６８

以上

書式12　開催時刻の訂正通知

令和○年○月○日

株主各位

東京都○○区○○１丁目２番３号
株式会社○○
代表取締役社長　○○○○

第○期定時株主総会招集ご通知の一部訂正について

拝啓　ますますご清栄のこととお喜び申し上げます。

さて、当社第○期定時株主総会につきまして、本年○月○日付で発送いたしました招集ご通知の一部に誤りがございました。

謹んでお詫び申し上げますと共に、下記のとおり訂正し、ご通知申し上げます。

敬具

記

訂正箇所

１．開催時刻の「午前９時00分」を「午前10時00分」と訂正いたします。

なお、開催日、開催場所につきましては、当初ご案内のとおりです。

以上

書式13　開催場所の訂正通知

令和○年○月○日

株主各位

東京都○○区○○１丁目２番３号
株式会社○○
代表取締役社長　○○○○

第○期定時株主総会招集ご通知の一部訂正について

拝啓　ますますご清栄のこととお喜び申し上げます。

さて、当社第○期定時株主総会につきまして、本年○月○日付で発送いたしました招集ご通知の一部に誤りがございました。

謹んでお詫び申し上げますと共に、下記のとおり訂正し、ご通知申し上げます。

敬具

記

訂正箇所

１.「開催場所　東京都○○区○○１丁目３番４号 ○○会館２階ホール」とあるのを「開催場所　東京都○○区○○１丁目２番３号当社会議室」と訂正いたします。

なお、開催日時につきましては、当初ご案内のとおりです。

以上

書式14 Web修正に関する記載をした招集通知

令和○年○月○日

株主各位

東京都○○区○○１丁目２番３号
株式会社○○
代表取締役社長　○○○○

第○期定時株主総会招集のご通知

拝啓　ますますご清栄のこととお喜び申し上げます。

さて、当社第○期定時株主総会を、下記のとおり開催いたしますので、ご出席くださいますようご案内申し上げます。

敬具

記

1. 日　時　（省略）
2. 場　所　（省略）
3. 報告事項（省略）
4. 決議事項（省略）

（お知らせ）招集通知、株主総会参考書類、事業報告、計算書類に修正が生じた場合は、インターネット上の当社ウェブサイト（http://www.○○○○.co.jp/）にて、修正後の内容を開示いたします。

書式15　議事運営シナリオのサンプル

第○期定時株主総会　シナリオ

総会の進行

1．代表取締役（社長）挨拶、議長就任宣言
　　社長挨拶後、定款第○条により社長が議長に就任

2．開会宣言　　第○期定時株主総会の開会宣言

3．ルール説明　　発言時期の指定など議事進行上のルール説明

4．出席株主数・議決権個数の報告
　　本総会の出席株主数及び議決権個数を報告

5．定足数充足宣言　　定足数を満たしていることを宣言

6．議事

報告事項

事業報告　　事業報告書の説明

決議事項

1号議案　計算書類の承認の件

2号議案　定款一部変更の件

3号議案　取締役選任の件

7．質疑応答　　質疑受付け・打切り、質問状に対する一括回答

8．各議案の審議・採決

9．閉会宣言　　総会の閉会を宣言

10．全員退場

役員入場
【社長以下役員の入場】
〔役員一同は株主に対し一礼〕
〔役員全員着席〕
（係員）（定刻になりましたので、社長、議長席の方へお願いいたします）
【社長】【議長席に着き株主に対し一礼】
（株主）（拍手）
【社長】おはようございます。
（株主）（おはようございます）

社長挨拶、議長就任宣言
【社長】社長の〇〇でございます。本日は、お忙しいところ本総会にご出席いただきまして、誠にありがとうございます。定款第〇条の定めによりまして、私が議長を務めさせていただきますので、よろしくお願いいたします。
（株主）（拍手）

開会宣言
【議長】ありがとうございます。それでは、ただいまより、第〇期定時株主総会を開会いたします。

ルール説明
【議長】また、議事の秩序を保ちますため、ご発言につきましては、私の指示に従ってなされますようお願い申し上げます。
（株主）（拍手）

出席株主数・議決権個数の報告
【議長】それでは、本総会におけますご出席株主数及びその議決権数をご報告申し上げます。本総会におきまして、議決権を有する株主数は○○○名、その議決権株式数は○○○○株でございます。本総会にご出席の株主数は、委任状をご提出いただきました方を含め○○○名、その議決権株式数は○○○○株でございます。

定足数充足宣言

【議長】従いまして、本総会の全議案を適法にご審議いただくのに必要な定足数を満たしておりますことをご報告申し上げます。

議事　報告事項

事業報告

【議長】それでは、はじめに事業報告からはじめたいと思います。令和○年○月○日から同○年○月○日までの第○期の事業報告について、私からご報告申し上げます。お手元の書類○頁から○頁に記載のとおりでございますが、その概略につきまして、ご説明申し上げます。

当期におけるわが国経済は、(以下、略)。従いまして、当社といたしましては、今後とも積極的な事業方針の下、高度化、多様化するユーザーニーズにきめ細かく応えていく所存でございます。今後ともなお一層のご支援を賜りますようお願い申し上げます。

質疑応答

【議長】報告事項につきましては以上でございますが、これまでの事項に関しましてのご質問をお受けいたします。

ご発言を希望される方は、挙手をお願いしたいと存じます。私の指名を受けられた株主様は、受付でお配りしました株主票の番号とお名前をおっしゃっていただいた後、ご発言願います。ご質問はございませんでしょうか。

(株主)(質問ありません)

議事　決議事項

【議長】ご質問がないようでございますので、議案の第1号議案の審議に移らせていただきます。
第○期計算書類の内容につきましてご説明申し上げます。お手元の書類○頁から○頁をご覧いただきたいと存じます。
今期の損益計算書、貸借対照表、株主資本等変動計算書、個別注記表については参考書類のとおりになっています（以下、略）。

ここで、第１号議案に関してのご質問をお受けいたします。ご発言を希望される方は、挙手をお願いしたいと存じます。ご質問はございませんでしょうか。
（株主）（質問ありません）

採決
【議長】ご質問がございませんので、議案の採決に移らせていただきたいと存じます。第１号議案「計算書類の承認の件」の採決をいたします。原案にご異議ございませんか。
（株主）（異議ありません）（賛成）（拍手）
【議長】ありがとうございました。過半数のご賛同を得ましたので、本議案は原案通り承認可決されました。
（株主）（拍手）

議事
【議長】それでは、第２号議案の審議に移らせていただきたいと存じます。
お手元の書類○頁から○頁に記載してございます第２号議案をご説明申し上げます。
定款の一部変更のご承認をお願いするものでございます。
定款の変更箇所は、（以下、略）
以上ですが、第２号議案に関してのご質問をお受けいたします。ご発言を希望される方は、挙手をお願いしたいと存じます。ご質問はございませんでしょうか。

（株主）（質問ありません）

【議長】ご質問がございませんので、議案の採決に移らせていただきたいと存じます。

採決
第２号議案「定款一部変更の件」の採決をいたします。原案にご異議ございませんか。
（株主）（異議ありません）（賛成）（拍手）

【議長】ありがとうございました。３分の２以上のご賛同を得ましたので、本議案は原案通り承認可決されました。
（株主）（拍手）

議事
【議長】続きまして、第３号議案の審議に移らせていただきたいと存じます。
お手元の書類○頁から○頁に記載してございます第３号議案をご説明申し上げます。
経営管理機能の強化と業務執行権限の明確化を図るため、新たに取締役を１名選任したいと存じます。
新たに選任する取締役候補者は、○○○○氏であります。
（以下　略）

以上ですが、第３号議案に関してのご質問をお受けいたします。ご発言を希望される方は、挙手をお願いしたいと存じます。ご質問はございませんでしょうか。
（株主）（質問ありません）

【議長】ご質問がございませんので、議案の採決に移らせていただきたいと存じます。

採決
第３号議案「取締役選任の件」の採決をいたします。原案にご異議ございませんか。
（株主）（異議ありません）（賛成）（拍手）

【議長】ありがとうございました。過半数のご賛同を得ましたので、本議案は原案通り承認可決されました。
（株主）（拍手）

閉会宣言
【議長】以上をもちまして、本総会は閉会といたします。本日は、誠にありがとうございました。〔株主に対し一礼〕
〔役員全員起立し一礼〕
（退場）〔全員退席〕

〈質問があった場合ケース１〉
【議長】（挙手している人を指し示す）そちらの株主様、どうぞ。
（株主）（○番の○○と申します）
〔事務局は名前と番号を記録〕
【議長】○○様、ご質問をどうぞ。
（株主）（先程の業績のところでお聞きしたいことが云々）
【議長】ただいまのご質問にお答えいたします。○○につきましては云々。以上ご説明申し上げました。

〈ケース２〉
【議長】その件につきましては、担当取締役の方からご説明申し上げます。○○取締役どうぞ

【○○取締役】取締役の○○でございます。ただいまのご質問にお答えいたします云々。以上、ご説明申し上げました。

〈ケース３〉
【議長】その件に関しましては、○○ですので、お答えを差し控えさせて頂きたいと存じます。
【議長】他にご質問はございませんか。
（株主）（質問ありません）

〈修正動議が出された場合の原案先決〉
【議長】ただいま、○番の株主様から第○号議案の修正動議が提出されましたが、原案を先に審議させて頂きたいと存じますが、皆様いかがでしょうか。
（株主）（異議ありません）（拍手）
【議長】ありがとうございます。それでは会社提案の議案につきまして審議を続けさせていただきます。
〔議案の説明･審議の続行〕
原案の採決
【議長】それでは、第○号議案「○○の件」の採決をいたします。原案にご異議ありませんか。
（株主）（異議ありません）（賛成）（拍手）
【議長】ありがとうございました。過半数（もしくは３分の２以上）のご賛同を得ましたので、本議案は原案通り承認可決されました。
（株主）（拍手）
【議長】なお、先程ご提案されました修正案は、原案可決により否決されるものとして取り扱わせていただきます。
（株主）（異議ありません）（賛成）（拍手）
【議長】ありがとうございました。

書式16 株主名簿

株式会社○○

株　主　名　簿

〈令和○年○月○日現在〉

株主No.	氏名（名称）	住所（本店）	所有株式数／持株比率	株式の種類	株式取得年月日／取得の原因など	株券番号	備考（株券不発行・登録質権者など）
1	○○○○	東京都○○区○○１－７－８	33株／33%	普通株式	○年○月○日／設立時引受	No. 1～33	株券不発行（○年○月○日株券不所持の申出）
2	●●●●	東京都○○区○○１－９－10	32株／32%	普通株式	○年○月○日／設立時引受	No. 34～65	株券不発行（○年○月○日株券不所持の申出）
3	△△△△	東京都○○区○○２－２－２	35株／35% 10株／10%	普通株式	○年○月○日／設立時引受	No. 66～100	①○年○月○日25株譲渡 ②○年○月○日10株譲渡 全株譲渡により○年○月○日削除
4	□□□□	埼玉県○○市○○１－１－１	25株／25%	普通株式	○年○月○日／△△△△より譲受	No. 66～90	株券不発行（○年○月○日株券不所持の申出）
5	□□△△	埼玉県○○市○○１－１－２	10株／10%	普通株式	○年○月○日／△△△△より譲受	No. 91～100	株券不発行（○年○月○日株券不所持の申出）

※下線は変更・削除した事項を示す。

当会社の株主名簿に相違ない。

令和○年○月○日

東京都○○区○○１丁目２番３号

株式会社○○

代表取締役　○○○○　㊞

書式17　株主総会出席状況票

第○期定時株主総会出席状況票

令和○年○月○日

株主の総数	○○○○名
発行済株式の総数	○○○○株
議決権を有する株主数	○○○○名
議決権ある株式総数	○○○○株

委任状出席	○○○名	○○○株
本人出席	○○○名	○○○株

本日出席した株主数（委任状を含む）

株主数	○○○○名
その株式数	○○○○株

書式18　株主総会受付整理票

No.

株主総会受付整理票

ご住所	
お名前（株主名）	様
委任状 ご送付の有無	1．送付済 2．未送付

・ご住所、お名前は、楷書で丁寧にお書きください。
・委任状ご送付の有無については、該当する番号に○印をつけてください。

書式19　株主総会議事運営規則

株主総会議事運営規則

第1章　総則

第1条（目的） この規則は、当社の株主総会（以下「総会」と言う）の秩序を維持し、適正かつ円滑な総会の運営に資することを目的とするものである。

第2条（遵守義務） 総会において議決権を有する株主（以下「株主」と言う）及び他の総会出席者は、法令及び定款の他、この規則に従わなければならない。

第3条（規律） 何人も会議の妨げとなる言動をし、または、みだりに自席を離れてはならない。

2　何人も会議場において、議長の許可を得なければ、演壇に登り、または、文書の配布、掲示、その他これらに類する行為をしてはならない。

3　何人も、総会の平穏な議事進行を妨げるおそれのある物品を所持して会場に入場してはならない。

第2章　株主等の出席

第4条（株主等の出席） 総会当日に参集した株主またはその代理人は、その旨を届け出なければならない。届出は、会場受付において議決権行使書面（代理人の場合は議決権行使書面及び委任状）を提出して行うものとする。

第5条（役員等の出席） 取締役及び監査役は、やむを得ない場合を除き、総会に出席しなければならない。

2　当社従業員は、議長その他の役員を補助する必要があるときは、議長の許可を得て、総会に出席することができる。

第３章　議長

第１節　資格

第６条（資格）　議長は、定款の定めにより、代表取締役が務める。

第７条（株主による招集請求の場合）　会社法第297条第４項により招集された総会においては、招集した株主のうちから仮議長を選出し、議長を定める。

第８条（不信任動議の審議）　議長は、議長自らに対する不信任動議の審議に関しても、職務を行うことができる。

第２節　職務及び権限

第９条（職務及び権限）　議長は、総会の秩序を保持し、議事を整理すると共に、総会を代表してその事務を総理する。

２　議事の進行を妨げるなど、総会の秩序を乱した者に対しては、議長はこれを制止し、発言を禁止し、または、発言を取り消させることができる。

３　前項に掲げる者、議長の指示に従わない者及び総会に出席する資格がないことが判明した者に対しては、議長は退場を命じることができる。

第４章　議事

第１節　開会及び議題の審議

第10条（開会の宣言）　開会の時刻に至ったときは、議長は議長席につき総会を開くことを宣言する。

第11条（議題の宣言）　議題を付議するときは、議長はその旨を宣言する。

第12条（議事の順序）　議長は、あらかじめ招集通知に記載した順序で議題を付議する。ただし、特別な理由があるときは、その理由を述べて上記の順序を変更することができる。

２　議長は必要があると認めるときは、総会の承認を得て、２件以上の議題を一括して付議し、かつ、それに対する質疑と討論を一括することができる。

3　議長の求めに応じ、取締役が議題の趣旨説明を行い、それに対する質疑と討論を経て表決するものとする。取締役は、議長の許可を得た上で、担当従業員に議案の趣旨説明を行わせることができる。

4　議題が会社法第303条による株主提案にかかる場合は、議長は、提案をした株主にその趣旨説明を求め、また、取締役または監査役からその提案に対する意見を聴くものとする。

第2節　発言

第13条（発言の方法）　発言をしようとする者は、挙手をして発言を求め、議長の許可を得た後、出席票番号及び氏名、並びに、発言の内容が質問、意見、動議のいずれであるかを述べてから、簡明に発言しなければならない。

第14条（発言の制限）　議長は必要と認めるときは、発言の回数及び時間を制限することができる。

2　議長は、発言者が前条及び前項に反すると認めるときは、注意し、なお従わないときは、発言を禁止することができる。

第3節　質問

第15条（質問に対する説明）　株主からの質問に対しては、その内容に応じて、議長または議長が指名した取締役、もしくは、監査役が説明を行う。

2　取締役または監査役は、議長の許可を得た上で、担当従業員に議案の趣旨説明を行わせることができる。

3　取締役または監査役は、質問に対し、一括して説明することができる。

第16条（質問に対する説明の拒絶）　取締役または監査役は、質問が次の各号の事由にあたるときは、説明を拒絶することができる。

①　質問が総会の目的と無関係であるとき

②　説明をするために相当の調査期間を要するとき

③　質問が重複するとき

④　説明することにより会社または第三者の権利を侵害することに

なるとき
⑤　その他正当な事由があるとき

第４節　動議

第17条（動議）　動議とは、総会中に提出されるものであって、議案を修正する動議（以下「修正動議」と言う）及び議事の進行について措置を求める動議（以下「議事進行動議」と言う）を言う。

第18条（動議の取扱い）　議長は、前条の動議が提出された場合は、議場にその動議の採否を諮ることとする。ただし、それを省略して直ちにその動議を審議に付することもできる。

２　議長は、修正動議につき修正案と原案を一括して審議させることができる。

第19条（議事進行動議の先決）　議事進行動議は、他の議題に先立って表決しなければならない。ただし、議長が適当と認めるときは、表決を省略し、議長がその採否を決定することができる。

第５節　休憩

第20条（休憩）　議長は、議事の進行上必要と認めるときは、休憩を宣言することができる。議長が休憩を宣言した後は、議長が議事再開を宣言するまで、何人も議事について発言することができない。

第６節　表決

第21条（表決の宣言）　議長は、討論が終結したとき、または、質疑及び討論の発言者がいないときは、表決の宣言をする。

第22条（表決の順序）　議長は、一括して審議した議題または議案については、一括して表決することができる。

２　修正動議は、原案に先立って表決する。ただし、議長が必要と認めるときは、原案を先に表決することができる。

第23条（出席株主の範囲）　表決に際しては、出席した株主本人及び代理人に委任した株主、並びに、議決権行使書面を会日の前日までに当社に提出した株主の各議決権の数を、出席した株主の議決権数に算入する。

２　前項において、議決権行使書面を提出した株主の議決権数を出席した株主の議決権数に算入するのは、招集通知に記載された議題及びその修正案の決議に限るものとする。
3　棄権票、無効票は、出席した株主の議決権数に算入する。
4　修正案の表決に際しては、原案に賛成の旨を表示した議決権行使書面は修正案に反対したものとして、また、原案に反対または棄権の旨を表示した議決権行使書面は修正案の表決につき棄権したものとして取り扱うこととする。

第24条（表決の方法）　議長は、表決に際し、異議の有無を諮り、異議がないと認めるときは可決とする。ただし、異議がある旨の発言がある場合は、挙手または起立により表決する。
2　議長が必要と認めたとき、または、出席した株主の過半数の同意があったときは、投票により表決する。ただし、投票は無記名とし、その方法は議長が定めるところによる。

第25条（表決結果の宣言）　表決が終結したときは、議長は、可決または否決の宣言をする。

第26条（表決の報告）　議長は、投票により表決したときは、その結果を併せて報告する。
2　会社法第303条による株主の提案にかかる議題が否決された場合は、賛成票の数が議決権数の10分の１以上であるか否かを確認し、その結果を報告しなければならない。
3　総会で議案に反対することが、株式買取請求を行使するための要件となる議題の表決については、議長は、反対した株主を確認しなければならない。

第７節　議事の終了

第27条（延会または継続会の決議）　総会を延期または続行する場合は、総会の決議による。
2　前項の場合は、延会または継続会の日時及び開催場所についても併せて決議し、議長は、出席した株主に対し決定した延会または継続会の日時及び開催場所を告知する。
3　延会または継続会の日は、総会の日から２週間以内の日に定めることとする。

第28条（閉会の宣言） 議事日程に定めた議事を終えたとき、または、総会の延期もしくは続行が決議されたときは、議長は閉会を宣言するものとする。

第5章　補則

第29条（傍聴） 総会の傍聴を希望する者は、あらかじめ文書により当社総務課宛に申し出て、その許可を受けなければならない。ただし、傍聴席に余裕がないとき、または、当社において必要があると認めるときは、傍聴人の数を制限し、または、傍聴を禁止することがある。

第30条（疑義等に対する措置） この規則に定めのない事項、または、この規則に疑義のある事項については、議長の決定による。ただし、出席株主から異議がある旨の発言がある場合は、議場に諮って決定する。

附則

第31条（規則の改廃） この規則の改廃は、総会の決議を経なければならない。

第32条（施行） この規則は、制定を決議したときから直ちに施行する。

書式20　株主総会議事録閲覧請求書

株主総会議事録閲覧請求書

令和○年○月○日

株式会社○○
代表取締役　○○○○ 殿

申請人　住所　千葉県○○市○○１丁目２番３号
氏名　○○○○　　印

私は貴社の株主として、下記の議事録の閲覧を請求致します。

記

貴社の第○期株主総会議事録

書式21　発言ルール

ご発言に際しましては、以下の事項に留意していただきますよう、お願い申し上げます。

1．ご質問のある株主様は、挙手をしていただき、議長の指名を受けた後、当社事務局の案内に従ってご発言ください。

2．ご質問は、必ず１問ずつお願いします。

3．ご発言の際は、最初に、お名前と出席票の番号をおっしゃってください。

4．議長や質問者などが発言している間は、静粛にお願いします。制止にかかわらず、不規則発言が繰り返された場合には、議長の指示により、ご退場いただくことがあります。

書式22　官報による決算公告

第○期決算公告

令和○年○月○日

東京都○○区○○１丁目２番３号
株式会社○○
代表取締役○○○○

貸借対照表の要旨（令和○年○月○日現在）

科　目		金額（千円）
資産の部	流動資産	○○○○
	固定資産	○○○○
	合計	○○○○
負債及び純資産の部	流動負債	○○○○
	固定負債	○○○
	株主資本	○○○
	資本金	○○○○
	資本剰余金	○○
	利益剰余金	○○
	（うち当期純利益）	○○
	合計	○○○○

書式23　株主総会決議の省略をするための提案書

令和○年○月○日

株主各位

東京都○○区○○１丁目２番３号
株式会社○○
代表取締役社長　○○○○

提　案　書

拝啓　ますますご清栄のこととお喜び申し上げます。

定時株主総会（以下、「本総会」と言います）の目的である事項（以下、「提案事項」と言います）について下記のとおり、提案いたします。

つきましては、後記「株主総会参考書類」をご検討くださいまして、提案事項に同意される場合は、別添「同意書」に署名押印の上、ご提出くださいますようお願い申し上げます。

敬具

記

１．定時株主総会の目的である事項

〈略〉

なお、当社唯一の株主である貴殿のご同意が得られた場合には、会社法第319条第１項及び第320条の規定に基づき、提案事項を可決する旨の本総会の決議があったものとみなされますことをあわせて申し添えます。

書式24　株主総会決議の省略をするための同意書

令和○年○月○日

株式会社○○
代表取締役社長　○○○○　殿

（ご住所）

（お名前）

同　意　書

私は、会社法第319条第１項及び第320条の規定により、令和○年○月○日付提案書にて提案のありました、下記定時株主総会の目的である事項につき、異議なく同意いたします。

記

１．定時株主総会の目的である事項

〈略〉

書式25　定時株主総会議事録例

第○回定時株主総会議事録

1．開催日時

令和○年５月27日（水曜日）午前10時00分～午前11時00分

2．開催場所

東京都××区××五丁目２番１号　当社××ビル×階

当社本店第×会議室

3．出席取締役及び監査役

取締役　星光男、崎岡円蔵、井田善治

監査役　村田一郎

4．議長

当社定款第×条第×項の規定により、代表取締役社長星光男が議長となった。

5．株主の総数　10名

発行済株式の総数　1000株

（自己株式の総数　0株）

議決権を有する総株主の数　10名

総株主の議決権の数　1000個

出席株主の数（委任状出席を含む）　10名

出席株主の議決権の数　1000個

6．議事の経過の要領及びその結果

上記５.のとおり定足数に足る株主の出席があったので、本総会は適法に成立した。よって、議長は、開会を宣すると共に、直ちに議事に入った。

[報告事項]

第○期（令和○年４月１日から令和○年３月31日まで）事業報告の内容報告の件

議長は取締役を代表し、第○期事業年度に関する事業報告を議場に提出し、その内容を報告した。

[決議事項]

第1号議案　第○期計算書類承認の件

議長は取締役を代表し第○期に係る計算書類（貸借対照表、損益計算書、株主資本等変動計算書及び個別注記表）を議場に提出し、その内容を説明した。

ついで、議長は第○期計算書類の承認の可否を議場に諮ったところ、出席株主は満場異議なくこれを承認可決した。

第2号議案　取締役3名選任の件

議長は、取締役全員が本総会の終結の時をもって任期満了となり退任するので、取締役の改選の必要がある旨を説明し、また、その候補者は星光男、崎岡円蔵及び井田善治としたい旨を述べた。ついで、議長がその選任の可否を議場に諮ったところ、出席株主の議決権の過半数の賛成をもって本議案は原案通り承認可決された。

なお、被選任者は席上その就任を承諾した。

議長は、以上をもって、本総会における報告及び全議案の審議を終了した旨を述べ閉会を宣した。

7．議事録の作成について

上記議事の経過の要領及びその結果を明確にするため、議長は本議事録を作成し、記名押印する。

令和○年5月27日

株式会社星光商事　第○回定時株主総会

実務上は総会議事録にも会社代表印を押してもらうことが多い

議長・議事録作成者

代表取締役社長　　星　光男　　印（認印でも可）

書式26　株主総会議事録例（株主総会の開催を省略した場合）

第○回定時株主総会議事録

1．株主総会への報告及び株主総会の決議があったとみなされた日
　令和○年５月27日（水曜日）
2．株主総会の決議があったとみなされた事項の提案者
　代表取締役社長　星　光男
3．議事録の作成に係る職務を行った取締役
　代表取締役社長　星　光男
4．株主の総数　　　5名
　発行済株式の総数 1000株
　自己株式の総数　0株
　議決権を有する総株主の数5名
　総株主の議決権の数　　　1000個
5．株主総会の目的である事項

［報告事項］

第○期（令和○年４月１日から令和○年３月31日まで）事業報告の内容報告の件

令和○年５月10日、代表取締役社長星光男が株主の全員に対し、別紙のとおり上記報告事項を通知し、当該事項を株主総会に報告することを要しないことにつき、令和○年５月27日までに株主の全員から書面により同意の意思表示を得たので、会社法第320条に基づき、当該事項の株主総会への報告があったものとみなされた。

［決議事項］

第１号議案　第○期（令和○年４月１日から令和○年３月31日まで）計算書類承認の件

第２号議案　取締役３名選任の件

当社の取締役３名が任期満了となるため、下記の者を取締役として選任すること

取締役　星光男

取締役　崎岡円蔵

取締役　井田義治

令和○年５月10日、代表取締役社長星光男が株主の全員に対し、別紙のとおり上記決議事項について提案し、当該提案につき、令和○年５月27日までに株主の全員から書面により同意の意思表示を得たので、会社法第319条第１項に基づき、当該提案を可決する旨の株主総会の決議があったものとみなされた。

上記のとおり、株主総会への報告の省略及び株主総会の決議の省略を行ったので、株主総会への報告並びに株主総会の決議があったとみなされた事項の内容を明確にするため、会社法施行規則第72条第４項の規定に基づき本議事録を作成し、議事録の作成に係る職務を行った取締役が記名押印する。

株式会社星光商事　第○回定時株主総会

実務上は総会議事録にも会社代表印を押してもらうことが多い

議事録作成者

代表取締役社長　　星　光男　印（認印でも可）

書式27　株主総会議案例（任期満了に伴う取締役の選任〈全員再選重任〉）

第○号議案　任期満了に伴う取締役改選の件

議長は、当社定款第○条の規定により、本定時総会終結の時をもって取締役３名全員が任期満了し退任することになるので、その改選が必要な旨を述べ、現任取締役である星光男、崎岡円蔵及び井田善治の３名の再選を提案し、議場に諮ったところ、本議案は満場異議なく承認可決された。

なお、被選任者は席上その就任を承諾した。

書式28　株主総会議案例（任期満了に伴う取締役の選任〈一部の取締役の退任〉）

第○号議案　取締役３名選任の件

議長は、本総会の終結の時をもって取締役３名全員が任期満了し退任することとなるので、下記のとおり２名の再選及び新たに１名の選任をしたい旨を述べ、議場に諮ったところ満場異議なくこれを承認可決した。

記

取締役　崎岡　円蔵
取締役　井田　善治
取締役　丁原　四郎（新任）

なお、被選任者である崎岡円蔵及び井田善治は席上取締役に就任することを承諾した。

書式29　株主総会議案例（定款変更による任期満了に伴う取締役の選任）

第１号議案　　定款一部変更の件

議長は、下記のとおり当社の定款を一部変更したい旨を述べ、その可否を諮ったところ、出席株主は満場一致をもってこれを承認可決した。

記

現行定款	変更案
（取締役の任期） 第24条　取締役の任期は、選任後10年以内に終了する事業年度のうち最終のものに関する定時株主総会の終結の時までとする。 ２　補欠又は増員により選任された取締役の任期は、前任取締役又は他の在任取締役の任期の満了すべき時までとする。	（取締役の任期） 第24条　取締役の任期は、選任後２年以内に終了する事業年度のうち最終のものに関する定時株主総会の終結の時までとする。 ２　補欠又は増員により選任された取締役の任期は、前任取締役又は他の在任取締役の任期の満了すべき時までとする。

※下線は変更部分を示す。

第２号議案　　取締役３名選任の件

議長は、第１号議案の定款変更により、取締役星光男、崎岡円蔵、井田善治の３名全員が任期満了退任となったため、改めて取締役を３名選任したい旨を述べ、その候補者として星光男、崎岡円蔵、井田善治の３名を指名した。

ついで、議長は取締役として上記３名を選任することの可否を議場に諮ったところ、出席株主は満場一致をもってこれを承認可決した。

なお、被選任者である星光男、崎岡円蔵は席上取締役に就任することを承諾した。

書式30　株主総会議案例（増員取締役の選任）

第○号議案 取締役１名選任の件

議長は、業務の都合上、取締役を１名増員したい旨を述べ、その候補者として丁原四郎を指名し、増員取締役として丁原四郎を選任することの可否を議場に諮ったところ、出席株主は満場一致でこれを承認可決した。

被選任者である丁原四郎は、席上取締役に就任することを承諾した。

なお、議長より、増員取締役である丁原四郎の任期は、当社定款第○条第○項の規定により、令和○年○月に開催予定の第○回定時株主総会の終結の時までであることが説明された。

書式31　株主総会議案例（取締役の解任）

第○号議案 取締役解任の件

議長は、当社の取締役井田善治が、令和○年○月○日から令和○年○月○日までの間、合計約○万円の正当な理由のない経費の使い込みを行った事実を議場に報告した。ついで、議長は当該事実があったことを理由に取締役井田善治を本日付をもって解任したい旨を述べ、議場に諮ったところ、出席株主は満場一致をもってこれを承認可決した。

書式32 株主総会議案例（取締役・監査役の報酬額の改定）

第○号議案 取締役の報酬額改定の件

議長は、取締役の報酬額は令和○年○月○日開催の第○期定時株主総会において年額金1000万円以内と承認されているが、その後の経済情勢の変化及び諸般の事情を考慮して、取締役の報酬額を年額金2000万円以内（従来通り使用人兼務取締役の使用人分の給与は含まない）としたい旨を提案し、その可否を議場に諮ったところ、満場一致をもって承認可決された。

第○号議案 監査役の報酬額改定の件

議長は、監査役の報酬額は令和○年○月○日開催の第○期定時株主総会において年額金500万円以内と承認されているが、その後の経済情勢の変化及び諸般の事情を考慮して、監査役の報酬額を年額金1000万円以内としたい旨を提案し、その可否を議場に諮ったところ、満場一致をもって承認可決された。

書式33　株主総会議案例（取締役の報酬の増額）

第○号議案 取締役報酬額改定の件

議長は、令和27年6月1日以降、経済事情等諸般の事情を考慮して、各取締役の報酬月額を下記のとおり増額変更したい旨を提案し、その詳細につき説明した。

議長が本議案の賛否を議場に諮ったところ、出席株主は満場一致をもって承認可決した。

記

取締役　甲野一郎　月額金40万円　→　月額金45万円

取締役　乙野二郎　月額金50万円　→　月額金55万円

書式34　株主総会議案例（退職慰労金贈呈の件）

第○号議案 退任取締役に対する退職慰労金贈呈の件

議長は、本総会終結の時をもって取締役を退任される丁原四郎氏に対し、その在任中の功労に報いるため、当社の定める退職慰労金支給規程に従い、相当額の範囲内で退職慰労金を贈呈したい旨、また、その具体的金額、贈呈の時期、方法等は取締役会一任とされたい旨を述べ、その承認の可否を議場に諮ったところ、出席株主は満場一致をもってこれを承認可決した。

資料　株主リストのサンプル例（株主総会の決議を必要とする場合）

（A－1 総合簡易書式）

証　　明　　書

次の対象に関する商業登記規則61条２項又は３項の株主は次のとおりであることを証明する。

対象	株主総会等又は総株主の同意等の別	株主総会	←株主総会，種類株主総会，株主全員の同意，種類株主全員の同意のいずれかを記載してください。 種類株主総会等の場合は，対象となる種類株式も記載してください。
	上記の年月日	令和２年６月２９日	←株主総会等の年月日を記載してください。
	上記のうちの議案	全議案	←全議案又は対象となる議案を記載してください。 総株主等の同意を要する場合は，記載不要です。

	氏名又は名称	住所	株式数　（株）	議決権数	議決権数の割合
1	星　光男	東京都新宿区××七丁目３番２号	100	100	100．0%
2					
3					
4					
5					
6					
7					
8					
9					
10					
			合計	100	100．0%
			総議決権数	100	

証明書作成年月日	令和２年６月２９日
31	株式会社星光商事
証明書作成者	代表取締役　星　光男

登記所届出印

※　商業登記規則第61条第2項
　登記すべき事項につき次の各号に掲げる者全員の同意を要する場合には、申請書に、当該各号に定める事項を証する書面を添付しなければならない。
一　株主　株主全員の氏名又は名称及び住所並びに各株主が有する株式の数（種類株式発行会社にあつては、株式の種類及び種類ごとの数を含む。次項において同じ。）及び議決権の数
二　種類株主　当該種類株主全員の氏名又は名称及び住所並びに当該種類株主のそれぞれが有する当該種類の株式の数及び当該種類の株式に係る議決権の数

※　商業登記規則第61条第3項
　登記すべき事項につき株主総会又は種類株主総会の決議を要する場合には、申請書に、総株主（種類株主総会の決議を要する場合にあつては、その種類の株式の総株主）の議決権（当該決議（会社法第三百十九条第一項（同法第三百二十五条 において準用する場合を含む。）の規定により当該決議があつたものとみなされる場合を含む。）において行使することができるものに限る。以下この項において同じ。）の数に対するその有する議決権の数の割合が高いことにおいて上位となる株主であつて、次に掲げる人数のうちいずれか少ない人数の株主の氏名又は名称及び住所、当該株主のそれぞれが有する株式の数（種類株主総会の決議を要する場合にあつては、その種類の株式の数）及び議決権の数並びに当該株主のそれぞれが有する議決権に係る当該割合を証する書面を添付しなければならない。
一　十名
二　その有する議決権の数の割合を当該割合の多い順に順次加算し、その加算した割合が三分の二に達するまでの人数

※株主リストのひな形は法務省のホームページからダウンロードすることができます。

【監修者紹介】

森　公任（もり　こうにん）

昭和26年新潟県出身。中央大学法学部卒業。1980年弁護士登録（東京弁護士会）。1982年森法律事務所設立。おもな著作（監修書）に、『不動産契約基本法律用語辞典』『契約実務　基本法律用語辞典』『図解で早わかり 相続・贈与のしくみと手続き』『特定商取引法と消費者取引の法律問題トラブル解決法』『図解で早わかり 会社法のしくみと手続き』『図解で早わかり 会社法務の基本と実務』など（小社刊）がある。

森元　みのり（もりもと　みのり）

弁護士。2003年東京大学法学部卒業。2006年弁護士登録（東京弁護士会）。同年森法律事務所 入所。おもな著作（監修書）に、『不動産契約基本法律用語辞典』『契約実務　基本法律用語辞典』『図解で早わかり 相続・贈与のしくみと手続き』『特定商取引法と消費者取引の法律問題トラブル解決法』『図解で早わかり 会社法のしくみと手続き』『図解で早わかり 会社法務の基本と実務』など（小社刊）がある。

森法律事務所

弁護士16人体制。家事事件、不動産事件等が中心業務。
〒104-0033　東京都中央区新川２－15－３　森第二ビル
電話　03-3553-5916
http：//www.mori-law-office.com

図解で早わかり
改正対応！ 株主総会のしくみと手続き

2020年６月30日　第１刷発行
2024年６月30日　第２刷発行

監修者　森公任《もりこうにん》　森元《もりもと》みのり
発行者　前田俊秀
発行所　株式会社三修社
〒150-0001　東京都渋谷区神宮前2-2-22
TEL　03-3405-4511　FAX　03-3405-4522
振替　00190-9-72758
https://www.sanshusha.co.jp
編集担当　北村英治
印刷所　萩原印刷株式会社
製本所　牧製本印刷株式会社

ISBN978-4-384-04844-5 C2032